전지적 법률 시점

알아두면 힘이 되는 판례 이야기

전지적 법률 시점

알아두면
힘이 되는
판례 이야기

안문주, 정석훈 지음

법원

복잡한 일상생활,
다툼 없이 살 수 있나요?

아는 것이 힘이다!

바른북스

프/롤/로/그/①

20년 지기 친구가 돈을 빌려달라고 한다. 돈이 없다 하니 카드론 대출이나 현금서비스를 받아서라도 돈을 빌려줄 것을 부탁한다. '돈을 빌려줬다간 자칫 돈 잃고 사람도 잃을 수 있다!'며 배웠고 성장해 왔다. 큰 고심이 아닐 수 없다.

살면서 누구나 한 번쯤 겪었을 법한 흔한 일일 것이다. 돈을 빌려주기도 안 빌려주기도 애매해 고심하던 와중에도, 만약 빌려주지 않았을 때 친구부터 잃을까 봐 노심초사한 심정부터 앞선다. 그래, 그동안의 정(情)을 봐서라도 친구에게 돈을 빌려주기로 마음먹었다. 그런데 어떻게 돈을 빌려주지? 그냥 친구 명의 예금계좌에 입금만 해줄까? 친구 사이에 굳이 「차용증」을 써야 할까? 「설마」 내 돈을 떼먹을까?

「설마」가 사람 잡는 세상이 왔다. 해를 거듭할수록, 경기가 불황일수록 각 지역 지방법원에는 「대여금 청구소송」의 접수가 늘어나고 있고, 민사소송에서 가장 높은 비율을 차지하는 소송이 바로 「대여금 청구소송」이다.

그리고 돈을 빌려준 사람을 채권자[*]라 하는데, 이러한 채권자가 소송에서 패소하는 경우가 종종 있다. 돈을 빌려주면서 그 증거로 「계좌이체내역」이 존재하는데도 말이다. 그 이유가 무엇일까? 분명 소송을 제기했던 채권자는 변호사사무실로부터 "「계좌이체내역」만 있으면 무조건 승소할 수 있어요!"라는 상담을 받은 후 자신 있게 소송을 제기했었다고 푸념까지 한다.

그러나 분명 패소 위험부담이 있었던 대여금 청구소송이었음은 틀림없었다.[**]

돌아와서,

필자는 법률사무소에 종사한 지 어언 20년이 다 되어간다. 정말 감사하게도 그동안 기라성 같은 변호사님들을 모실 수 있어서 나름 행운과 영광이었고, 그분들 덕택에 다양하고 수많은 case by case 사건들의 판결문 중 **「판단 이유」**를 검토하면서 더욱 전문적인 「소송전략」과 「법률지식」을 습득할 수 있었는데, 온전히 혼자만의 지식으로 소유하고 싶지 않았다. 언제부터인가 욕심이 생겼다고 할까?

---

[*] 채권자 : 「민사소송에서는 '원고'」라 표시합니다.
[**] 본문 내용 중 일부이다.

그래서인지 당시 미천하지만 퇴근 후, 울산지방법원 인근 변호사 사무실과 법무사사무실에 재직 중이던 사무장 및 직원들을 대상으로 무료 법률 강의(소송 대응전략 및 소장 작성 방법 등)를 통해 소송실무를 전달한 적도 있었고, 친구들이나 선후배 등에게도 「법률」이라는 딱딱한 과목을 최대한 쉽게 이해시키려고 나름 애쓴 것 같다.

그러던 중 2016. 2. 6.부터 BAND 「알아두면 힘이 되는 판례 이야기」라는 SNS 개설 · 운영하면서 법리적으로 어려운 사건들은 가급적 배제하고 「일상 속에서 흔하게 일어나는 분쟁의 유형과 판결문」들을 소개하며 불특정 다수들과의 소통창구를 마련하였는데, 생각보다 BAND 회원들의 반응이 뜨거웠고 여러분들로부터 중학생도 쉽게 이해할 수 있는 법률지식을 전달해볼 것을 권유받아 큰 마음먹고 책을 집필하기로 마음먹었다.

사실, 필자는 이왕 책을 집필한다고 생각하니 일상생활 속 많은 분쟁들을 소개하고 싶었다. 이 책의 목차에 나열된 분쟁 사례 이외에, 「최근 대법원 전원합의체 판례(대법원 2021. 4. 29. 선고 2017다228007 판결 〈지료청구〉)인 분묘기지권에 대한 쟁점*, 유언장 분쟁, 택배물건 분실 책임, 조기축구회나 골프장에서의 사고 책임, 대리기사 분쟁, 헬스장 사고 책임, 이혼 등」**의 각 사례들을 소개하고 싶었지

---

* 판결문 검토를 요청한 길수형님에게 감사하다.
** 필자가 운영하는 BAND에 각 판례들을 소개하였으니, 시간이 허락한다면 읽어볼 것을 권유하고 싶다.

만 그건 말 그대로 욕심이었을 뿐 필자의 게으름으로는 더 이상 집필을 이어나갈 수 없었음을 인정할 수밖에 없었다.

민사사건, 가사사건, 형사사건, 행정사건 중 주제를 정하기 쉽지 않았다. 각 분야의 다양한 사실관계와 판례의 내용이 워낙 방대하여 「법률」이라는 딱딱한 과목을 '「어떻게, 어떤 식으로」으로 집필해야 독자들께 알기 쉽게 잘 전달할 수 있을까?'라는 고민을 많이 했었다. 결국 그 해답으로 필자가 운영하는 BAND에 소개된 각 판결문을 재미있고, 필요한 경우를 제외하고는 가급적 이해하기 쉬운 표현으로 원고지를 정리하기 시작하였다.

그러면서 같은 대학원 후배이자 법무부와 대한체육회, 대한축구협회 등 기관에서 법 전문 강사로 활동 중인 석훈이에게 필자의 뜻을 전달하며 함께 집필해볼 것을 제안했고, 석훈이가 흔쾌히 동참해준 덕분으로 나 역시 심적으로 안정이 되어 집필에 대한 속도감이 붙게 되었다.

이 책의 각 장(CHAPTER)에 열거한 분쟁 사례는, 각 지방법원(고등법원 포함) 또는 대법원의 각 판결문상 기초 사실관계와 판단 이유를 「백두」와 「한라」라는 두 주인공을 통해 재구성 또는 각색하여 **「평소 행동을 할 때 어떤 주의를 해야 하는지, 이러한 주의를 하지 않을 경우 어떠한 법적 책임이 뒤따르는지 등」**에 대한 포커스를 맞추어 소개하였으며 각 판결문 검색 등은 「국립국어원 표준국어대사전, 각 지방법원(고등법원) 홈페이지 내 '우리법원 주요판례' 및 대한민국 법원

종합법률정보(glaw.scourt.go.kr), 케이스노트(casenote.kr)」각 사이트에서 참고 및 차용해왔음을 분명히 밝힌다.

또한, 기존에 나와 있는 법·판례 등을 소개하는 책들과 형식 등을 완전히 달리하여 각 분쟁 사례와 판결문을 소개하다 보니 전문 법률가들 입장에서는 읽기에 다소 불편하거나 설명이 부족한 법리 등을 발견할 수 있을 것이지만, 필자로서는 너그러이 헤아려주길 바랄 뿐이다. 그리고 무엇보다 중요한 건 각 사건의 사실관계와 입증방법(증거서류)에 따라 그 판결(선고)은 이 책에서 소개하는 판결과 현저히 달라질 수 있다는 사실을 반드시 명심해주길 바란다.

서두가 너무 긴 것 같다.

오늘날까지 묵묵히 지켜보고 믿어주시며 필자의 앞날을 염려해주시는 부모님과 가족들, 언제 어디서나 필자를 격려하고 응원해주는 친구들과 선·후배들에게 깊은 감사함을 전하며, 특히 이 책의 원고 정리와 각 분쟁 사례의 스토리에 대한 이해 검토를 도와 준 나의 영원한 귀염둥이 딸들과 바쁜 시간에도 불구하고 오탈자 등을 체크해 준 같은 대학원 동문이자 국립과학수사연구원에 재직 중인 호진이에게 진심으로 고마움을 전하고 싶다.

2021년
산딸기 수확이 끝나갈 무렵에
안문주

프/롤/로/그/②

필자는 2013년 한국법교육센터 법교육 전문 강사를 시작으로 법무부, 대한체육회, 대한축구협회, 한국기업지원센터, 안산청소년비행예방센터 등 다양한 기관의 전문 법률 강사로서 활동해왔다.

「법질서 선진화」라는 당위의 목표를 실현하기 위해 전국의 모든 지역을 다 돌아보았다 해도 과언이 아닐 만큼 다양한 지역과 다양한 계층의 사람들을 만나 「법」과 「윤리」에 관한 다양한 주제의 강의를 진행해온 지 벌써 10년이 다 되어가고 있다.

지난 10년 가까운 시간 동안 헤아릴 수 없을 만큼 많은 사람들을 만나 강의를 진행해오며 느낀 감상은 우리 일반 시민들에게 있어 「법」은 여전히 낯설고 부담스러우며 사람들의 마음속에 불편하고 까다로운 관념으로 자리 잡혀 있다는 것이었다.

대부분의 사람들은 가급적 「법」과 관련된 사안들이 자신에게 발생하지 않기를 희망하며, 그런 일은 일생에 몇 번 벌어지지 않는 특이한 「이벤트(event)」로 여기는 경우가 일반적이다. 이는 「법」 자체를 권리가 아닌 자신에게 의무를 강제하는 도구로 여기는 무의식적 저항감에서 비롯되는 것이 아닌가 생각해보곤 하였다.

「법」은 실질적으로 우리에게 많은 의무와 책임을 부과하지만 반대로 우리 사회 속에서 나의 인간다운 삶을 보장받을 수 있게 하여주는 가장 강력한 권리 실현의 수단이다. 「법」은 특별한 영역의 성질의 것이 아니라 일상 속에서 언제든 필요한 순간마다 유익하게 사용될 수 있는 도구로서 기능하여야 한다.

대부분의 사람들은 「법」과 관련하여, 자신에게 「법이슈」가 발생할 경우, 가장 우선적으로 궁금해하는 것은 자신에게 벌어진 일들이 「법」에 따라 어떻게 판단되는지 여부 즉, 자신의 「법률적 사안」에 대한 결과를 예견할 수 있기를 희망한다. 필자의 경우에도 법률적 사안들과 관련하여 많은 사람들로부터 "이럴 경우 법적으로 어떻게 되는가?"에 대한 질문을 무수히 받아오며 살아왔다. 이러한 현상들은 필자로 하여금 '만일 사람들이 법률적 사안과 관련하여 전문가의 도움 없이도 법적 판단에 대한 「예측 가능성」을 스스로 진단해볼 수 있다면, 법을 조금 더 친밀하게 대하게 되는 법인식 변화가 이루어지지 않을까'라는 생각을 자리 잡게 하였다.

평소 필자의 고민에 지나지 않았던 생각들이 실천으로 옮겨져 이

책으로 쓰이게 된 이유는 "코로나19 사태로 인해 아무리 힘든 시기여도 시간을 허비하지 말고 무언가 의미 있는 일을 해보자!"라는 문주형의 제안에서부터 시작되었다.

지난 2020년 시작된 코로나19 팬데믹은 우리 모두에게 매우 혹독한 시간이었던 것 같다. 코로나19로 모든 것이 움츠러들고, 우리의 일상과 삶이 무너지며 많은 사람들이 일방적인 고통을 강요받은 한 해였다. 필자 역시 현장으로 찾아가 대중과 함께 소통하는 일이 업이다 보니, 코로나19의 블랙홀을 피해갈 수 없기는 마찬가지였다.

그렇게 코로나19 상황이 나아지기만을 속절없이 기다리며 시간을 허비하던 중, 대학원 동문이었던 문주형으로부터 책 출판 기획목적과 계획에 관한 이야기를 전해 듣게 되었다. 이에 원고의 초고를 검토하는 작업에 착수하게 되었고, 기초 초안을 검토하던 중 선별된 판례 하나하나가 우리 일반 시민들의 삶 속에서 비일비재하게 발생할 수 있는 일반적인 법률적 사안들임을 확인하였다. 이 이야기들이 조금 더 일상 속의 이야기로 만들어져 우리 삶 속에서 발생하는 법률적 사안들에 대한 예측 가능성을 부여할 수 있다면 「법」이 우리 시민들에게 조금 더 친숙하고 가까워지기를 바라는 필자의 소망에 한 걸음 더 다가갈 수 있는 기회라 여기며 펜을 들게 되었다.

이 책의 인사말을 남기는 이 순간에도 바라는 것이 있다면, 이 책을 접하는 사람들이 이야기 속 사례들을 통하여 우리 일상 속의 법률적 사안들을 보다 쉽게 이해할 수 있기를 바라본다. 또한 우리 일상에서 발생할 수 있는 이야기 속 사례들과 유사한 법적 사안들과 관련하여 이 책을 통해 법률적 판단에 대해 예측해봄으로써 「법」에 의해 보장되는 자신의 권리를 확인하고, 우리 삶의 권리인 「법」과 조금 더 친밀해지기를 바라본다.

2021년
6월 소중한 이웃을 생각하며
정석훈

목차

CHAPTER 1

불법
주차

주차의 달인(기술)~! 찍을 테면 찍어봐~!

　설 명절을 앞둔 주말. '백두'는 제사 음식을 장만하기 위해 고향에서 서울로 올라온 동생 '한라'와 함께 차를 몰고 전통시장으로 향한다. 시장으로 향하는 동안, 시골에서만 생활했던 '한라'의 눈에 비친 서울의 풍경은 빽빽하고 꽉 막힌 답답함뿐이었다.

　"아이고~ 사람도 많고~ 차도 많고~ 숨도 막히고 길도 꽉꽉 막히네~! 도대체 이런 데서 형님은 어떻게 살아요? 왜 다들 서울~ 서울하는지…."

　"다~ 살다 보면 살아지더라~. 너도 한 3개월 지내보면 다 적응하고 살걸?"

　두 형제는 오랜만에 만나 대화를 나누는 즐거움에 숨 막히는 교통체증마저 지겹지만은 않았다. 드디어 도착한 전통시장 입구. 아니

20

나 다를까 명절을 앞둔 대목이니만큼 시장 주변의 공영주차장은 명절음식을 준비하려고 몰려온 사람들의 차들로 빼곡하다.

"서울 차들 많은 거 정말 징글징글하네요. 형님. 우리 주차 어떻게 해요? 다시 돌아가야 할 것 같은데, 우리 완전히 헛걸음한 거 아니에요?"

"형이 서울에서 몇 년을 살았니? 다~ 방법이 있으니까 걱정하지 마."

투덜거리는 '한라'를 달래며 도로 가장자리에 차를 세우려는 '백두'. 주위를 둘러보더니 '백두'의 차량을 버젓이 비추고 있는 불법 주정차 단속 카메라를 발견한다.

"형님~ 여기 주차하시면 안 될 것 같은데? 단속 카메라가 비추고 있잖아요? 여기 상습 주정차 위반구역인데요?"

"걱정하지 말라니까! 다~ 요령이 있고 방법이 있는 거야. 형이 서울 살면서 이런 상황 처음이겠니?"

불법주차를 우려하는 '한라'의 만류에도 불구하고 계속 주위를 살피던 '백두'는 주변에 세워져 있던 주정차 금지 입간판을 차량 전면 번호판 앞에 세워두고, 정기적으로 순찰을 도는 주정차 단속 차량에 후미 번호판을 들키지 않으려고 차의 트렁크를 개방하였다. '백두'의 능숙한 몸놀림은 한두 번 해본 일이 아니라는 듯 신속하고 자연스러웠다.

"봤지? 형에게는 다 계획이 있단다. 아우야."

"형님~! 아무리 그래도 이건 아닌 것 같은데요?"

"에이~, 소심하게 왜 그래? 아무 걱정하지 마. 걸려봐야 3, 4만 원 돈이야. 어서 장이나 보자!"

'한라'는 어깨를 으쓱거리며 으스대는 '백두'의 행동이 영 불안하 긴 하지만, 그저 서울 사는 요령이려니 하고 '백두'와 함께 시장으로 들어선다. 두 시간 정도 장을 보던 두 형제는 두 손 가득 짐이 많아지 자 일부 물품을 차에 실어놓을 요량으로 잠시 차량이 주차된 곳으로 돌아와 보니 번호판을 가려놓은 입간판이 치워져 있는 것을 발견하 였다.

시장 주차관리인 '태백'은 두 형제가 장을 보러 시장 안을 돌아다 니는 사이 '백두'의 차량에 놓인 입간판을 원래의 자리로 돌려놓았던 것이다.

"뭐야? 누구야? 쓸데없이 또 힘쓰게 만드네, 정말!"

'백두'는 투덜거리며 입간판을 다시 옮겨 차량의 번호판을 가려 놓고 '한라'와 함께 시장으로 돌아가 두 시간 정도 더 장을 보고 나서야 집으로 돌아갔다.

명절을 보내고 '한라'가 고향으로 돌아간 후 며칠 뒤, '백두'는 법원으로부터 등기 우편으로 송달된 「약식명령 결정문」을 받아 들고 경악을 금치 못한다. 불법주차가 문제가 되어봤자 몇만 원 정도의 벌금이 나올 것이라 생각했던 '백두'의 생각과는 달리 무려 70만 원의 벌금이 부과되어 있었기 때문이다.

결국, '백두'는 우편으로 「약식명령 결정문」을 받은 날로부터 일주일 안에 「정식재판청구」를 접수하기로 결심하였다.

QUESTION

1. '백두'에게 부과된 벌금, 어떻게 된 일일까요?

ANSWER

1. '백두'에게 부과된 벌금, 어떻게 된 일일까요?

주차위반으로 벌금이나 과태료를 받는 일은 운전면허를 취득한 사람이라면, 한 번쯤은 경험했거나 경험해볼 수 있을 만큼 우리 주변에서 비일비재하게 벌어지는 일입니다.

위 사례의 경우, '백두'의 주차위반은 다툼의 여지가 없는 명백한 사실입니다. 그럼에도 불구하고 '백두'가 이 사안에서 「정식재판」을 청구하게 된 이유는 바로 70만 원이나 부과된 벌금이 너무 과하다고 판단했기 때문입니다.

일반적인 주차위반의 경우 「도로교통법 제156조」의 규정에 따라 「20만 원 이하의 벌금[*]이나 구류^{**} 또는 과료^{***}」에 처해지도록 규정되어 있습니다. 이러한 사항을 고려해보았을 때 '백두'에게 부과된 벌금 70만 원은 과한 금액이라 생각될 수 있습니다.

그러나 '백두'가 주차를 한 이후의 행동을 고려해보았을 때 이를 단순히 주차위반으로만 판단할 수 없다는 것이 위 사례의 핵심입니다.

'백두'가 입간판을 차량의 전면에 배치하고, 장을 보는 동안 트렁크를 개방한 행동은 바로 차량 번호판을 가리기 위함이었습니다. 이러한 '백두'의 행동은 「도로교통법」상의 불법 주정차위반 외에 「자동차관리법」 위반이라는 불법행위에 해당합니다.

그리고 현행 「자동차관리법」에서는 다음과 같은 규정으로 차량의 번호판을 가리는 행위를 금지하고 있습니다.

~~~~~~~~~~~

CHAPTER 1

자동차관리법

제10조(자동차등록번호판)
⑤ 누구든지 등록번호판을 가리거나 알아보기 곤란하게 하여서는 아니 되며, 그러한 자동차를 운행하여서도 아니 된다.

제81조(벌칙) 다음 각 호의 어느 하나에 해당하는 자는 1년 이하의 징역 또는 1천만 원 이하의 벌금에 처한다.
1의2. 제10조 제5항(제10조 제7항) 및 제52조에서 준용하는 경우를 포함한다)을 위반하여 고의로 등록번호판을 가리거나 알아보기 곤란하게 한 자.

　즉, 「자동차관리법 제10조」의 규정에 명시된 바와 같이, 자동차 번호판을 가리는 행위는 엄연한 자동차관리법위반 사항에 해당하며, 그에 대한 벌칙은 「자동차관리법 제81조」에서 「1년 이하의 징역 또는 1천만 원 이하의 벌금에 처한다」라고 명시하고 있습니다.

　따라서 '백두'의 불법행위에 대한 벌금은 합당하다 할 것입니다. 그리고 위 사례의 모티브가 된 판례에서는, 대담하게도 차량 앞뒤 번호판을 가리거나 보이지 않게 고의적으로 감추려고 했던 행동은 그 죄질이 나쁘다고 판단하여 최초의 벌금(70만 원)보다 증액된 벌금(100만 원)을 부과하는 선고를 하였습니다.

울산지방법원 2018고정369 판결 〈자동차관리법위반〉

MOTIVE가 된 판례

울산지방법원 2018. 7. 5. 선고
2018고정369 판결 〈자동차관리법위반〉

누구든지 등록번호판을 가리거나 알아보기 곤란하게 하여서는 아니 되며, 그러한 자동차를 운행하여서도 아니 된다.

그럼에도 '백두'는 불법 주정차 단속 카메라의 단속을 피하기 위하여 위 승용차를 주차하면서 앞 번호판 앞에 화분으로 가리고, 트렁크 문을 열어놓아 등록번호판을 알아보기 곤란하게 하였다.

'백두'는 번호판을 가린 범죄사실로 이미 벌금형을 받은 동종의 전과가 있는 점, 번호판을 가린 동기는 주정차 단속을 피하기 위한 것으로 의도가 저열한 점, 단속원이 번호판을 가린 화분을 치웠음에도 화분을 다시 옮겨서 번호판을 가린 점, 불법 주정차 후 번호판을 가린 곳은 주차공간의 여유가 없는 상습 주정차 위반구역으로 보이는 점, 차량을 불법으로 주차한 시간이 4시간을 넘는 점, 그 밖에 이 법정에서 보인 '백두'의 태도 등을 종합하면, '백두'에 대한 약식명령의 벌금(700,000원)을 증액함이 타당하므로 벌금 100만 원을 선고한다.

약식기소(略式起訴)란?

재판절차 없이 '백두'를 「약식명령」으로 「벌금, 과료 또는 몰수」에 처하는 것을 뜻하며, 검사로부터 「약식기소」가 청구되면 법원은 대부분의 검사의 청구대로, 검사가 청구하는 벌금에 처하는 「약식명령」을 발부합니다.

이러한 「약식명령」은 서면 심리를 원칙으로 하므로 '백두'로서는 자신의 주장을 펼칠 수 없거나 유무죄를 다툴 수 없게 될 수 있으므로 「약식명령」 고지를 받은 날로부터 1주일 이내에 「정식재판청구」를 접수하여 다툴 수 있습니다.

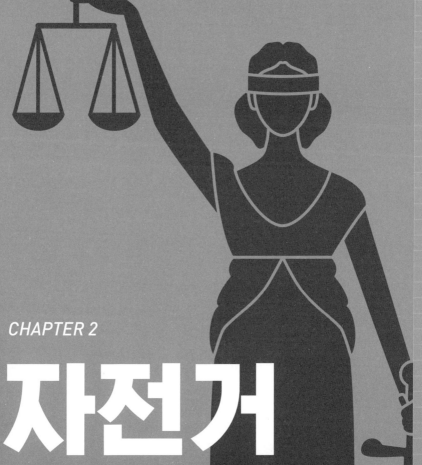

CHAPTER 2

자전거
사고

자전거가 나갑니다. 따르르르링!

따사로운 봄날의 주말, 하늘마저 푸르다. '한라'는 오랜만에 만끽하는 봄기운에 운동 좀 하라며 친구가 선물한 자전거를 물끄러미 바라본다.

"이런 날 아니면 언제 타 보겠어? 한강이나 나가 볼까?"

'한라'는 겨울 내내 먼지만 소복이 쌓여 있던 자전거를 꺼내 들고 오랜만에 한강 라이딩을 즐긴다.

"오랜만에 나오니 좋네. 평소에도 좀 나와볼 걸 그랬나?"

봄기운을 즐기며 라이딩을 하던 '한라'의 앞에는 또 다른 라이더 '백두'가 있었는데, 능숙하게 자전거 핸들에서 두 손을 놓고 곡예 주행을 하는 등 자신의 실력을 한껏 과시하며 라이딩을 하고 있었다.

"꼭 저렇게 타다가 넘어지고 어디 한 군데 부러지지. 쯧."

초보자인 '한라'의 입장에서는 '백두'의 행동이 언짢고 위태로워
보인다.

얼마나 지났을까? 한강 유람선 선착장 인근에 도착할 때쯤, 앞서
라이딩하고 있던 '백두'는 좌측의 한강 변 조깅로로 빠져나가기 위하
여 갑작스레 보행자·자전거 겸용도로의 중앙 색 실선을 침범한 후
좌측으로 도로를 가로질러 주행하기 시작했다.

"어어어어!! 저거 뭐야!"

갑작스러운 '백두'의 돌발행동에 당황한 '한라'는 '백두'와의 충
돌을 피하기 위하여 급하게 정지를 하였지만, 그만 중심을 잃고 도로
우측으로 넘어지고 만다.

"으악, 죽겠다."

결국, 넘어진 충격으로 인해 병원에 입원해야 할 정도의 부상을
입은 '한라'는 사고를 유발한 '백두'를 용서할 수 없었고, 결국 '백두'
를 상대로 「손해배상청구」 소송을 접수한다.

1. 「주의의무」란 무엇일까요?
2. 자전거 운전자에게도 「주의의무」가 있을까요?
3. '한라'는 '백두'로부터 손해배상을 받을 수 있을까요?

ANSWER

1. 「주의의무」란 무엇일까요?

「주의의무」란 사람이 어떤 행위를 하면서 주의를 가져야 되는 법적 의무를 일컫습니다. 일상생활에서 다양한 사건 사고의 가해자와 피해자는 각각 「주의의무」를 가져야 하며, 이러한 「주의의무」는 손해배상 소송에서 과실비율에 참작되어 판결이 선고되므로, 반드시 「주의의무」를 지켜야 됩니다.

2. 자전거 운전자에게도 「주의의무」가 있을까요?

자전거는 아래의 법률에서 명시하는 바와 같이 차로에서 운행되는 「차」에 해당하며 자전거 운전자 역시 자동차를 운행하는 사람과 동일한 수준의 「주의의무」를 가져야 됩니다.

도로교통법

제2조(정의)

6. "차로"란 차마가 한 줄로 도로의 정하여진 부분을 통행하도록 차선(車線)으로 구분한 차도의 부분을 말한다.

17. "차마"란 다음 각 목의 차와 우마를 말한다.

가. "차"란 다음의 어느 하나에 해당하는 것을 말한다.

1) 자동차

2) 건설기계

3) 원동기장치자전거

4) 자전거

5) 사람 또는 가축의 힘이나 그 밖의 동력(動力)으로 도로에서 운전되는 것. 다만, 철길이나 가설(架設)된 선을 이용하여 운전되는 것, 유모차와 행정안전부령으로 정하는 보행보조용 의자차는 제외한다.

제19조(안전거리 확보 등)

① 모든 차의 운전자는 같은 방향으로 가고 있는 앞차의 뒤를 따르는 경우에는 앞차가 갑자기 정지하게 되는 경우 그 앞차와의 충돌을 피할 수 있는 필요한 거리를 확보하여야 한다.

② 자동차 등의 운전자는 같은 방향으로 가고 있는 자전거 등의 운전자에 주의하여야 하며, 그 옆을 지날 때에는 자전거 등과의 충돌을 피할 수 있는 필요한 거리를 확보하여야 한다.

③ 모든 차의 운전자는 차의 진로를 변경하려는 경우에 그 변경하려는 방향으로 오고 있는 다른 차의 정상적인 통행에 장애를 줄 우려가 있을 때에는 진로를 변경하여서는 아니 된다.

④ 모든 차의 운전자는 위험방지를 위한 경우와 그 밖의 부득이한 경우가 아니면 운전하는 차를 갑자기 정지시키거나 속도를 줄이는 등의 급제동을 하여서는 아니 된다.

제38조(차의 신호)

① 모든 차의 운전자는 좌회전 · 우회전 · 횡단 · 유턴 · 서행 · 정지 또는 후진을 하거나 같은 방향으로 진행하면서 진로를 바꾸려고 하는 경우에는 손이나 방향지시기 또는 등화로써 그 행위가 끝날 때까지 신호를 하여야 한다.

즉, 「도로교통법 제19조 및 제38조」에 따라, 자전거 운전자들은 방향지시기, 등화(깜빡이)가 없는 자전거의 방향을 바꿀 경우 손짓을 통하여 방향이 끝날 때까지 뒤따르던 자전거 운행자에게 신호해주어야 하며 충분한 안전거리를 확보하여 운행할 「주의의무」가 요구됩니다.

3. '한라'는 '백두'로부터 손해배상을 받을 수 있을까요?

위 사례의 경우, '한라'의 사고는 갑자기 좌회전하며 도로를 가로질러 운행하는 '백두'와의 충돌을 피하기 위해 급정거를 하던 과정에서 발생하였습니다. '백두'는 뒤따라오던 '한라'의 존재를 인지하며 수신호 등을 통하여 후방에서 직진하고 있던 '한라'에게 자신의 진행방향을 알리거나, 근접거리 후방에 위치한 '한라'의 교통상황을 살피며 안전하게 좌회전을 할 「주의의무」를 위반하였습니다. 그러므로 '백두'는 '한라'에게 '한라'의 치료비 등을 손해배상을 하여야 합니다.

그러나 '한라' 역시 '백두'와 마찬가지로 자전거 운행의 「주의의무」를 위반한 사실이 존재합니다. 자전거 운행의 초보자였던 '한라'는 '백두'의 자전거와 안전거리를 충분히 확보하지 않은 채 운행하였고 브레이크 등 자전거의 제반 장치를 안전하고 능숙하게 조작하지 못한 과실 역시 존재합니다.

결국, '한라'의 과실(「주의의무 위반」)은 사고 발생 및 '한라'의 손해 확대의 원인이 되었다고 할 것이므로 '한라'의 과실비율만큼 차감한 금액에 한하여 손해배상 받을 수 있습니다.

한편, 자전거 도로라도 행인과 부딪혀 다치게 되어 합의가 이루어
지지 않는다면 「도로교통법 위반 및 교통사고처리특례법위반」으로
형사처벌도 될 수 있습니다.

반드시 알아야 할
자전거 운전자의 「주의의무」

- 헬멧 등 안전과 관련된 보호 장비를 철저히 준비하여 운행하여야
  한다.
- 앞, 뒤 자전거 운전자들과 충분한 거리를 유지하고 전방좌우를 주
  시한다.
- 자전거 제동 장치를 정확하게 조작하여 사고를 방지한다.
- 후행 자전거가 선행 자전거를 추월할 것이라고 예상할 수 있고, 수
  신호 등을 통하여 후방에서 진행하는 운전자에게 자신의 진행 방
  향을 알리거나 근접거리 후방의 교통상황을 살피면서 안전하게 운
  행(좌회전, 우회전, 멈춤)하여야 한다.
- 거울(백미러)을 설치할 경우 후방의 교통상황을 신속히 파악이 가
  능하고 야간에는 식별이 가능한 후미등(플래시, 야광테이프 등)을
  설치하여야 한다.

POWER PRECEDENT

대법원 2008. 9. 25. 선고 2007다88903 판결〈손해배상(기)〉, 대법원

1967. 4. 25. 선고 67다355 판결〈손해배상(기)〉, 인천지방법원 2008. 11. 25. 선고 2007가단105258 판결〈손해배상(기)〉, 서울중앙지방법원 2009. 11. 3. 선고 2009나23282 판결 〈손해배상(기)〉, 서울중앙지방법원 2017. 9. 22. 선고 2016가단5123450 〈손해배상(자)〉, 서울서부지방법원 2010. 7. 27. 선고 2009고단2177 〈교통사고처리특례법위반〉, 수원지방법원 2018. 9. 20. 선고 2017나83010 〈손해배상(기)〉

MOTIVE가 된 판례

대법원 2008. 9. 25. 선고
2007다88903 판결 〈손해배상(기)〉

'백두'가 자전거를 타고 가던 중 한강 고수부지 축구장에서 날아 온 축구공에 맞아 넘어져 머리를 다쳐 사망한 사건에서, 축구장의 관리주체인 ○○구청은 축구장과 자전거 도로 사이에 이격거리를 두지 않았거나, 자연적, 인공적 안전시설(펜스)을 설치하지 아니하여 발생한 것으로서 그 용도에 따라 통상 갖추어야 할 안정성을 갖추지 못한 상태, 즉 설치·관리상 하자가 있었다. 그러나 사망한 '백두' 역시 헬멧(안전모)을 착용하지 않아 사망에 이른 과실(「주의의무」 위반으로 '백두' 과실 50%)이 있으므로 ○○구청은 '백두'의 손해배상액 청구 중 50%를 배상하라.

대법원 1967. 4. 25. 선고
67다355 판결 〈손해배상(기)〉

'백두'가 불과 만2세7개월의 어린아이를 자전거 뒤에 태워 복잡한 도로를 다닌다는 것은 특별한 사정이 없는 한 위험이 따르는 행위라 할 것이며, 교통사고로부터 어린 자식을 보호 감독할 입장에 있는 '백두'가 이를 방임하였다면 특별한 사정이 없는 한 이 사건 자전거 교통사고 발생에 있어 '백두'에게도 과실이 있다.

인천지방법원 2008. 11. 25. 선고
2007가단105258 판결 〈손해배상(기)〉

'백두'는 2007. 9. 28. 21:00경 ○○구청이 설치·관리하고 있는 인천 강화군 해안도로에 있는 자전거 도로에서 자전거를 타고 지나가다 자전거 도로에 차량의 진입을 통제하기 위하여 설치한 콘크리트 구조물 중 훼손된 조각에 걸려 넘어져 치아가 빠지거나 손상되는 등의 상해를 입었다.

이 사건 도로는 자전거 도로로서 그 설치·관리청인 ○○구청으로서는 자전거가 야간에도 운행이 원활하게 이루어질 수 있도록 이 사건 도로의 상태를 유지·관리할 의무가 있다고 할 것이므로 '백두'가 입은 손해를 배상할 책임이 있다. 그러나 '백두'로서도 야간에는 주간보다 더욱 주의하여 주변을 살피며 자전거 운행을 할 「주의의무」가 있었음에도 불구하고 주의하지 않았으므로 '백두'의 과실은 40%이다.

서울중앙지방법원 2009. 11. 3. 선고
2009나23282 판결 〈손해배상(기)〉

자전거 도로의 구조상 하나의 차로 내에서 두 대의 자전거가 나란히 달리거나, 차로 내에서 후행하는 자전거가 선행하는 자전거를 앞지르는 것이 가능하도록 되어 있고, 후행 자전거가 반대차로를 침범하지 않고 선행 자전거를 앞지르기 위하여 같은 차로 내에서 선행 자전거를 추월할 것이라고 예상할 수도 있으며, 이 경우

차로 우측에서 선행하는 자전거가 갑자기 좌회전을 할 경우 차로 좌측 근접거리에서 후행하는 자전거나 좌측으로 추월을 시도하는 자전거의 통행에 방해를 줄 수 있으므로, 좌회전을 하려는 자전거 운전자는 미리 도로 좌측으로 진행하면서 수신호 등을 통하여 후방에서 진행하는 자전거 운전자에게 자신의 진행 방향을 알리거나, 진행 방향 근접거리 후방의 교통상황을 살피면서 안전하게 좌회전을 할 의무가 있다.

그리고 자전거에 후방의 교통상황을 살필 수 있는 거울 등을 설치할 경우 굳이 고개를 돌리지 않더라도 후방의 교통상황 파악이 가능하고, 미리 전방의 교통상황을 살피고 속도를 줄이면서 수신호를 하거나 후방의 교통상황을 살필 경우 안전운전에 지장이 없을 것으로 보이며, 후방의 교통상황은 좌회전을 하는 순간에 지장을 줄 우려가 있는 정도의 근접거리만을 살피는 것으로 충분한 것으로 보여진다.

결국 후행하는 자전거 운전자인 '백두'는 안전거리 미확보, 자전거 조작 미숙 등 과실을 인정하고 그 책임을 80%로 한다.

CHAPTER 3

방역수칙
위반 (코로나)

현관 밖
프리덤(FREEDOM)!

뉴욕 맨해튼의 아침은 언제나 분주하다. 미국으로 유학 온 '백두' 는 세계 최초의 인공 공원인 「센트럴 파크 공원」에서 아침 조깅 후, 가까운 카페에 들러 브런치를 즐기는 것을 유학 생활의 즐거움으로 여겨왔다.

'백두'는 평소와 같은 아침을 보내던 중 조금 더 거리를 걸어보고 싶은 마음에 가벼운 산책을 이어간다.

"역시 뉴욕은 너무 멋져~! 아~ 한국 돌아가기 싫다~! 천년만년 뉴욕에서 살고 싶다~! 오늘은 타임스퀘어나 가볼까!"

세계적인 관광명소인 타임스퀘어 광장으로 진입하는 '백두'는 시 간 가는 줄 모르고 이곳저곳을 정신없이 둘러본다.

타임스퀘어 광장 이곳저곳에 현란하게 펼쳐진 대형 광고판들 속에 우리나라 기업들의 최신 전자제품 광고가 연신 흘러나오는 모습을 보며 '백두'는 새삼 대한민국 국민인 것에 대한 자부심을 느낀다. 그런데 한창 넋을 놓고 전광판을 바라보던 중 갑자기 전광판의 화면들이 모두 빨간색으로 바뀌고 다음과 같은 문장이 전광판을 뒤덮는다.

「REPORT PROMPTLY : 속보」

「Warning! Risk of spreading Novel Coronavirus from China Please be aware : 중국발 코로나바이러스가 확산되고 있습니다. 주의하시기 바랍니다!」

처음엔 그저 지나가는 계절 독감이려니 하고, 대수롭지 않게 여겼던 '백두'는 며칠이 지나 한국에 계신 어머니로부터 다급한 전화를 받게 된다.

"'백두'야, 지금 코로나로 난리다! 난리! 당장 한국 들어와라! 괜히 거기서 병나면 의료보험도 안 되고 힘들다~! 어서 한국 와라~!"

그 순간 한국에 계신 우리 집 대통령님이신 어머니의 말은, 법보다 더 지엄하였기에 '백두'는 곧장 귀국길에 오르고 인천공항에 도착하여 입국 수속장으로 향한다.

'백두'는 입국 수속을 받던 중 해외입국자에 대하여 2주간(**14일간**) 「자가 격리조치」를 시행한다는 내용을 전달받은 후 2020. 3. 1.부터

2020. 3. 14.까지 집에서 의무적으로 자가 격리하라는 통지를 받고, 본격적으로 자가 격리를 시작하였다.

길고도 지루했던 자가 격리 종료 시간을 2시간 남긴 무렵.

"아 죽겠다~! 너무 답답해~! 미국에 있을 때는 아침마다 센트럴 파크를 뛰어다녔는데, 방구석 안에서 이게 뭐야~! 잠깐 커피라도 사러 나갔다 와야겠다. 금방 격리 끝나니 1~2시간 가지고 문제 삼지는 않겠지?"

무료하고 답답한 자가 격리생활을 견디다 못한 '백두'는 '잠깐이면 괜찮겠지'라는 안일한 생각으로 현관문 밖을 나섰고, 이러한 사실이 '보건당국'에 적발되고 만다.

결국, '백두'는 「감염병의예방및관리에관한법률위반죄」로 형사재판을 받게 된다.

QUESTION

1. 「감염병의예방및관리에관한법률」이란 무엇일까요?
2. '백두'는 형사처벌을 받을까요?

1. 「감염병의예방및관리에관한법률」이란 무엇일까요?

「감염병의예방및관리에관한법률」은 국민 건강에 위해(危害 : 위험한 재해)가 되는 감염병의 발생과 유행을 방지하고, 그 예방 및 관리를 위하여 필요한 사항을 규정함으로써 국민 건강의 증진 및 유지에 이바지함을 목적으로 제정된 법률입니다.

그리고 우리나라 정부에서는 「감염병의예방및관리에관한법률」에 근거하여 대한민국 국민 모두에게 마스크 착용과 시설 관리자 · 운영자 등에게 출입자 명단 작성과 특정 장소의 일시적 폐쇄, 출입금지, 해당 장소 내 이동제한, 적당한 장소에 일정한 기간 입원 또는 격리시킬 수 있습니다. 나아가 흥행, 집회, 제례 등 여러 사람의 집합을 제한하거나 금지(「감염병의예방및관리에관한법률 제47조, 제49조」)할 수 있고, 아래와 같이 자가 격리 등을 시킬 수 있습니다.

감염병의예방및관리에관한법률

제42조(감염병에 관한 강제처분)
① 질병관리청장, 시 · 도지사 또는 시장 · 군수 · 구청장은 해당 공무원으로 하여금 다음 각호의 어느 하나에 해당하는 감염병 환자 등이 있다고 인정되는 주거시설, 선박 · 항공기 · 열차 등 운송수단 또는 그 밖의 장소에 들어가 필요한 조사나 진찰을 하게 할 수 있으며, 그 진찰 결과 감염병 환자 등으로 인정될 때에는 동행하여 치료받게 하거나 입원시킬 수 있다.

1. 제1급감염병(ex-코로나)

2. 제2급감염병 중 결핵, 홍역, 콜레라, 장티푸스, 파라티푸스, 세균성이질, 장출혈성대장균감염증, A형간염, 수막구균감염증, 폴리오, 성홍열 또는 질병관리청장이 정하는 감염병

3. 제3급감염병 중 질병관리청장이 정하는 감염병

4. 세계보건기구 감시대상 감염병

② 질병관리청장, 시 · 도지사 또는 시장 · 군수 · 구청장은 제1급감염병이 발생한 경우 해당 공무원으로 하여금 감염병 의심자에게 다음 각호의 조치를 하게 할 수 있다. 이 경우 해당 공무원은 감염병 증상 유무를 확인하기 위하여 필요한 조사나 진찰을 할 수 있다.

1. 자가(自家) 또는 시설에 격리

1의2. 제1호에 따른 격리에 필요한 이동수단의 제한

2. 유선 · 무선 통신, 정보통신기술을 활용한 기기 등을 이용한 감염병의 증상 유무 확인이나 위치정보의 수집. 이 경우 위치정보의 수집은 제1호에 따라 격리된 사람으로 한정한다.

3. 감염 여부 검사

③ 질병관리청장, 시 · 도지사 또는 시장 · 군수 · 구청장은 제2항에 따른 조사나 진찰 결과 감염병 환자 등으로 인정된 사람에 대해서는 해당 공무원과 동행하여 치료받게 하거나 입원시킬 수 있다.

④ 질병관리청장, 시 · 도지사 또는 시장 · 군수 · 구청장은 제1항 · 제2항에 따른 조사 · 진찰이나 제13조 제2항에 따른 검사를 거부하는 사람(이하 이 조에서 "조사거부자"라 한다)에 대해서는 해당 공무원으로 하여금 감염병 관리기관에 동행하여 필요한 조사나 진찰을 받게 하여야 한다.

⑤ 제1항부터 제4항까지에 따라 조사 · 진찰 · 격리 · 치료 또는 입원 조치를 하거나 동행하는 공무원은 그 권한을 증명하는 증표를 지니고 이를 관계인에게 보여주어야 한다.

⑥ 질병관리청장, 시·도지사 또는 시장·군수·구청장은 제2항부터 제4항까지 및 제7항에 따른 조사·진찰·격리·치료 또는 입원조치를 위하여 필요한 경우에는 관할 경찰서장에게 협조를 요청할 수 있다. 이 경우 요청을 받은 관할 경찰서장은 정당한 사유가 없으면 이에 따라야 한다.

⑦ 질병관리청장, 시·도지사 또는 시장·군수·구청장은 조사거부자를 자가 또는 감염병 관리시설에 격리할 수 있으며, 제4항에 따른 조사·진찰 결과 감염병 환자 등으로 인정될 때에는 감염병 관리시설에서 치료받게 하거나 입원시켜야 한다.

⑧ 질병관리청장, 시·도지사 또는 시장·군수·구청장은 감염병 의심자 또는 조사거부자가 감염병 환자 등이 아닌 것으로 인정되면 제2항 또는 제7항에 따른 격리조치를 즉시 해제하여야 한다.

⑨ 질병관리청장, 시·도지사 또는 시장·군수·구청장은 제7항에 따라 조사거부자를 치료·입원시킨 경우 그 사실을 조사거부자의 보호자에게 통지하여야 한다. 이 경우 통지의 방법·절차 등에 관하여 필요한 사항은 제43조를 준용한다.

⑩ 제8항에도 불구하고 정당한 사유 없이 격리조치가 해제되지 아니하는 경우 감염병 의심자 및 조사거부자는 구제청구를 할 수 있으며, 그 절차 및 방법 등에 대해서는 「인신보호법」을 준용한다. 이 경우 "감염병 의심자 및 조사거부자"는 "피수용자"로, 격리조치를 명한 "질병관리청장, 시·도지사 또는 시장·군수·구청장"은 "수용자"로 본다(다만, 「인신보호법」 제6조 제1항 제3호는 적용을 제외한다).

⑪ 제1항부터 제4항까지 및 제7항에 따라 조사·진찰·격리·치료를 하는 기관의 지정 기준, 제2항에 따른 감염병 의심자에 대한 격리나 증상 여부 확인 방법 등 필요한 사항은 대통령령으로 정한다.

⑫ 제2항 제2호에 따라 수집된 위치정보의 저장·보호·이용 및 파기 등에 관한 사항은 「위치정보의 보호 및 이용 등에 관한 법률」을 따른다.

2. '백두'는 형사처벌을 받을까요?

위 사례의 경우, '백두'는 비록 자가 격리 종료가 2시간이 채 남지 않았다 하더라도 자가 격리장소인 자신의 주거지에서 무단으로 이탈한 사실이 있으므로 「감염병의예방및관리에관한법률위반죄」로 형사처벌을 받습니다.

그리고 「감염병의예방및관리에관한법률」을 위반할 경우 「감염병의예방및관리에관한법률 제77조~83조까지」의 「벌칙」 규정에 의하여 처벌(징역 또는 벌금 또는 과태료) 기준이 정해질 것입니다.

POWER PRECEDENT

서울북부지방법원 2020. 10. 26. 선고 2020고단2960 판결 〈감염병의예방및관리에관한법률위반〉, 의정부지방법원 2020. 5. 26. 선고 2020고단1946 판결 〈감염병의예방및관리에관한법률위반〉, 울산지방법원 2020. 11. 25. 선고 2020고단3618 판결 〈감염병의예방및관리에관한법률위반〉, 대구지방법원 2020. 6. 4. 2020고단1257 〈업무방해〉, 헌법재판소 2020. 2. 18. 2020헌마195 결정 〈마스크 착용 권고 미제한 위헌 확인〉, 헌법재판소 2020. 10. 13. 2020헌마1266 결정 〈소상공인 재난지원금 지원 위헌 확인〉

MOTIVE가 된 판례

서울북부지방법원 2020. 10. 26. 선고
2020고단2960 판결 〈감염병의예방및관리에관한법률위반〉

‘백두’는 2020. 5. 26. 코로나19 확진자와 접촉하여 감염병 의심자에 해당한다는 이유로 2020. 5. 29.부터 2020. 6. 9.까지 자가 격리로 조치되었다는 통지서를 수령하였으나 자가 격리기간 내 주거지를 이탈하여 지하철 4호선 일대와 ○○음식점 등을 방문하여 ‘백두’는 2회에 걸쳐 자가 격리조치를 위반하였다.

보건복지부 장관, 시·도지사 또는 시장·군수·구청장은 감염병이 유행하면 감염병의 전파를 막기 위하여 감염병 의심자를 적당한 장소에 일정한 기간 입원 또는 격리시키는 조치를 하여야 하고, 누구든지 이러한 조치를 위반하여서는 아니 된다. 최근 코로나19 감염병의 확산으로 인한 사회적 위험성 및 그로 인하여 국민들이 느끼는 불안의 정도, 감염병의 확산을 막기 위해 막대한 사회적 비용이 지출되고 있는 점에 비추어 ‘백두’의 죄책을 가볍게 볼 수 없고, 감염병 전파를 막기 위한 관할관청의 자가 격리 등 조치위반 행위에 대하여 엄정하게 대응할 필요가 있다.

특히 ‘백두’는 다중이 모이는 음식점과 카페를 방문하여 지인과 함께 취식을 하는 등 감염병의 전파 가능성이 높은 행위를 아무런 경각심 없이 하였고, 위반 행위도 2회에 이른다는 점에서 비난 가능성이 크다.

다만, '백두'가 코로나19 음성판정을 받아 위반 행위에 따른 위험성이 현실화되지는 않은 점, '백두'가 범행을 인정하면서 반성하고 있고 아무런 전과 없는 초범인 점은 '백두'에게 유리한 정황이므로 '백두'의 연령, 성행, 범행 후의 정황 등에 관한 사정을 참작하여 '백두'에게 벌금 600만 원을 선고한다.

의정부지방법원 2020. 5. 26. 선고
2020고단1946 판결 〈감염병의예방및관리에관한법률위반〉

'백두'는 2020. 3. 30.경 병원에 입원하여 있던 중 발생한 제1급 감염병인 코로나19(COVID-19) 집단 감염과 관련하여, 확진 판정된 다수 환자 및 병원 관계자와 접촉 의심 대상자로 확인되어 병원을 퇴원한 후, 자가 격리기간 및 격리장소, 자가 격리대상자를 위한 생활수칙 안내문을 통보받았으나, 자가 치료기간 및 자가 격리기간 내 주거지를 이탈하여, 가방 가게와 상호를 모르는 편의점에 출입하고, 의정부시에 있는 공용화장실, 사우나를 방문하는 등 자가 치료를 거부하고, 자가 격리조치를 위반하였다.

'백두'는 최근 이종 범죄로 1회 벌금형을 선고받은 외에 범죄전력이 없는 점은 인정된다. 그러나 이 사건 범행은 죄질이 아주 좋지 않다. '백두'는 범행기간이 길고 위험성이 높은 다중이용시설을 방문하는 등 위반 정도도 중하다. 또한 재격리조치된 뒤에도 무단 이탈하여 범행이 1회에 그치지 않았으며, 범행 동기나 경위도 단순히 답답하다거나 술에 취하여 감염병 관리시설을 정신병원으로 착각하였다는 등의 내용이고 범행 당시 대한민국과 외국의 코로나19 관련 상황이 매우 심각하였고, 특히 범행 지역인 의정부 부근의 상황이 매우 심각하였다. 이러한 사정을 참작하면 '백두'에 대한 엄정한 처벌이 필요하므로 '백두'에게 징역 4월을 선고한다.

울산지방법원 2020. 11. 25. 선고
2020고단3618 판결 〈감염병의예방및관리에관한법률위반〉

'백두'는 미국에서 입국한 후, ○○구청으로부터 '백두' 집에서 의무적으로 자가 격리하라는 통지를 받았으나, 자가 격리기간 중 집 근처 세무서에 방문하여 부가가치세 신고를 하기 위하여 위 주거지에서 이탈하여 격리조치를 위반하였다.

전대미문의 코로나-19로 인하여 방역당국·의료진 등을 포함한 전 국민이 고통과 인내의 시기를 보내고 있는 점, 이러한 감염병에 대한 예방을 위하여 실시하는 자가 격리장소를 이탈한 행위는 '백두'뿐만 아니라 국민 모두의 안전을 해할 수 있는 중대한 결과를 초래할 위험이 있다.

그러나 '백두'가 잘못을 인정하고 반성하고 있는 점, 자가 격리 종료 시간을 2시간 남기고 장소를 이탈한 점, 2차례에 걸친 코로나19 검사에서 모두 음성판정을 받아 '백두'의 범행으로 인한 추가적인 전염 위험은 발생하지 않은 것으로 보이는 점 등 여러 사정을 참작하여 '백두'에게 벌금 200만 원을 선고한다.

헌법재판소 2020. 2. 18.
2020헌마195 결정 〈마스크 착용 권고 미제한 위헌 확인〉

'백두'는 질병관리본부 등에서 코로나바이러스감염증-19 감염을 예방한다는 이유로 공공장소에서 마스크 착용을 과도하게 권고한 행위(이하 '이 사건 권고행위'라 한다)가 청구인의 기본권을 침해한다고 주장한다.

「헌법재판소법 제68조 제1항」은 공권력의 행사 또는 불행사로 인하여 「기본권」을 침해받은 자가 헌법소원을 제기할 수 있다고 규정하고 있는데, 여기에서 「공권력」이란 입법권·행정권·사법권을 행사하는 모든 국가기관·공공단체 등의 고권적* 작용을 말하고, 그 행사 또는 불행사로 국민의 권리와 의무에 대하여 직접적인 법률효과를 발생시켜 청구인의 법률관계 내지 법적 지위를 불리하게 변화시키는 것이어야 한다(헌재 2012. 3. 29. 2010헌마599 참조).

~~~~~~~~~~

* 고권적 : 「우월적인 힘이나 지위」를 말합니다.

그러나 이 사건 권고행위가 '백두'의 권리와 의무에 대하여 직접적인 법률효과를 발생시켜 청구인의 법률관계 내지 법적 지위를 불리하게 변화시키는 것이라고 할 수 없다. 따라서 이 사건 권고행위는 헌법소원심판의 대상이 되는 공권력의 행사에 해당하지 않으므로 '백두'의 이 사건 심판청구는 각하*하기로 한다.

헌법재판소 2020. 10. 13.
2020헌마1266 결정 〈소상공인 재난지원금 지원 위헌 확인〉

'백두'는 정부가 코로나19로 인하여 피해를 본 소상공인에게 재난지원금을 지급하는 것은 시장경제 헌법질서에 반하고 '백두'의 「행복추구권」을 침해한다고 주장한다.

「헌법재판소법 제68조 제1항」은 헌법소원심판은 공권력의 행사 또는 불행사로 인하여 헌법상 보장된 기본권을 침해받은 자가 청구하여야 한다고 규정하고 있다. 여기에서 「기본권을 침해받은 자」라 함은 공권력의 행사 또는 불행사로 인하여 자기의 기본권이 현재 그리고 직접적으로 침해받은 자를 의미한다(헌재 1992. 9. 4. 92헌마175 참조).

---

* 각하 :「소송요건을 갖추지 못한 경우, 구체적인 심리는 하지 않고 재판을 끝내는 경우」를 말합니다.

이 사건 기록상 '백두'가 주장하는 재난지원금 지급으로 인해 '백두'의 기본권이 현재 그리고 직접적으로 침해되었다는 구체적인 사정을 발견할 수 없다. 따라서 '백두'의 이 사건 심판청구는 기본권 침해의 법적 관련성을 갖추지 못하였으므로 각하한다.

CHAPTER 4

분실물
절도

내 것인 듯, 내 것 아닌 내 것 같은 너~

　'백두'는 학교에서도 유명한 '얼리어답터(Early-adopter)'*인데, 최신 휴대폰이나 스마트 워치, 태블릿 등 신제품이 발매될 때마다 바로 구매하여 유튜브 리뷰 방송 후 중고거래 사이트에 판매하는 것이 취미였고, 이를 위해서라면 여러 아르바이트도 마다하지 않았다. 이러한 최신 제품 리뷰에 대한 '백두'의 집착은 광적일 정도이다.

　최근 '백두'가 선호하는 브랜드의 최신 스마트 워치가 새로 발매되었는데, 즐거움보단 속상함이 크다. 남들보다 빨리 제품을 구매하여 리뷰를 하고 싶은데, 근래에 형편에 맞지 않게 무리해서 최신형 노트북을 구매하느라 스마트 워치를 구매할 여력이 되지 않았기 때문이다.

---

* 　얼리어답터 : 「새로운 제품 정보를 다른 사람보다 먼저 접하고 구매하는 소비자」를 말합니다.

"아…. 노트북 사느라 생활비도 아슬아슬하네…. 지금 스마트 워치 구입하면 라면 한 봉짓값도 안 남겠다…. 에잇! 어쩔 수 없다!"

다음을 기약하며 생활비를 벌기 위해 당구장에서 아르바이트를 하던 '백두'의 눈에 손님으로 온 '한라'가 자꾸 눈에 들어온다. 바로 '백두'가 그토록 원하던 스마트 워치를 '한라'가 착용하고 당구를 치고 있었기 때문이다.

지방에서 근무하던 '한라'는 서울로 함께 출장 온 동료들과의 저녁내기 당구 게임 중 계속하여 경기가 잘 풀리지 않자, 손목에서 스마트 워치를 풀어 의자에 올려놓고 다시 게임에 몰두하였다. 내기 당구에 지나치게 몰입한 탓이었을까? 저녁내기 당구 게임에 승리한 '한라'는 한껏 승리감에 도취되어 자신이 스마트 워치를 풀어둔 것을 깜박 잊어버리고 동료들과 함께 당구장을 빠져나간다.

그리고 '한라' 일행이 사용했던 당구대를 청소하던 중 '한라'가 두고 간 스마트 워치를 발견한 '백두'는 '한라'의 스마트 워치를 자신의 손목에 착용한 후 신기한 듯 이것저것 만져보느라 시간 가는 줄 모른다.

"와…. 이거 오늘 가져가서 리뷰하고 싶어 죽겠네…. 에잇 손님이 곧 찾으러 오겠지…."

손에서 쉽사리 스마트 워치를 내려놓지 못하던 '백두'는 아쉬움을 뒤로하고 당구장 내 카운터에 위치한 분실함에 스마트 워치를 넣어두었다.

며칠이 지나도 스마트 워치를 찾으러 오지 않는 '한라'. 그리고 시시때때로 서랍장에 넣어둔 스마트 워치를 구경하는 '백두'.

"이 정도면 완전 잊어버린 거 아냐? 그냥 버린 건가? 전화도 없고 찾으러 오지도 않고, 이 정도면 찾을 생각이 없는 거네~!"

결국 '백두'는 유혹을 참지 못하고 분실함에 보관 중인 스마트 워치를 착용하고 집으로 돌아가고 만다.

평소보다 조금 늦은 감이 있었지만 그래도 '한라'의 스마트 워치를 초기화 후, 자신의 휴대폰에 연동한 다음 사용 후기를 리뷰하는 '백두'. 최신형 노트북 구매로 생활비가 조금 부족했던 '백두'는 평소처럼 중고거래 사이트에 스마트 워치를 올려 판매한다.

한편, '한라'는 지방으로 돌아가는 기차에 탑승하고 나서야 자신이 당구장에 스마트 워치를 두고 온 것을 깨닫고 만다.

"와 난 죽었다…. 여자친구가 생일선물로 준 건데…. 잃어버리면 큰일인데…. 당구장이 어디였더라?!"

처음 가본 당구장의 상호와 전화번호를 파악할 수 없었던 '한라'.

하는 수 없이 주말이 되어야 다시 서울로 올라가 기억을 더듬으며 어렵사리 당구장을 찾아갔고, 당구장에 들어서는 '한라'를 마주친 순간 '백두'의 가슴은 '철렁'하고 내려앉는다. 그리고 카운터로 다가와 분실물 내역을 문의하는 '한라'에게 '백두'는 하얗게 질린 표정으로 스마트 워치를 본 적이 없다고 더듬거리며 대답한다.

'한라'는 '백두'의 행동에 이상함을 느껴 당구장 주인 '태백'에게 연락을 취하였고, '태백'과 함께 당구장 내 CCTV를 통해 자신의 스마트 워치를 착용하고 퇴근하는 '백두'의 모습을 확인한다.

"야, 이것 봐라!"

결국, '한라'는 자신의 스마트 워치를 멋대로 가져가 버린 '백두'를 고소하였고, '백두'는 「절도죄」로 형사재판을 받게 된다.

QUESTION

1. '한라'의 스마트 워치를 처분한 '백두'의 행동은 「절도죄」에 해당할까요?
2. '백두'는 어떤 행동을 했으면 좋았을까요?

1. '한라'의 스마트 워치를 처분한 '백두'의 행동은 「절도죄」에 해당할까요?

길을 걷다 떨어진 지갑이나 돈, 물건을 줍는 것은 누구나 한 번쯤 경험했거나 경험할 수 있는 일입니다. 이렇게 길거리에 떨어진 「유실물」*을 발견할 경우 반드시 가까운 경찰서에 찾아가 신고하거나, 우체통에 넣어 주인이 물건을 찾을 수 있도록 도움을 주어야 합니다.

그런데 만약 「유실물」을 획득한 사람(**습득자****)이 함부로 소유하게 되면 어떻게 될까요? 이에 관련하여 우리 형법에서는 다음과 같이 규정하고 있습니다.

형법

제360조(점유이탈물횡령)
① 유실물, 표류물 또는 타인의 점유를 이탈한 재물을 횡령한 자는 1년 이하의 징역이나 300만 원 이하의 벌금 또는 과료에 처한다.
② 매장물을 횡령한 자도 전항의 형과 같다.

---

* 유실물 : 「타인이 놓고 간 물건」을 말합니다.
** 습득자 :「물건을 주운 사람」을 말합니다.

즉, 일반적으로 남이 잃어버린 물건을 함부로 취득하여 소유한다면 「형법 제360조」의 「점유이탈물횡령죄」로 처벌받는데, 위 사례의 경우처럼 '한라'가 잃어버린 스마트 워치는 「점유이탈물」 또는 「유실물」에 해당되므로, 이러한 스마트 워치를 소유하고 처분했던 '백두'는 「점유이탈물횡령죄」로 처벌받을 수 있을 것입니다.

그리고 「절도죄」에 대하여도 알아보겠습니다.

형법

제329조(절도)
타인의 재물을 절취한 자는 6년 이하의 징역 또는 1천만 원 이하의 벌금에 처한다.

즉, 「절도죄」가 성립하기 위해서는 타인의 물건을 절취하여야 합니다. 타인의 물건을 절취한다는 의미는 남의 물건을 몰래 훔쳐 소유하는 행동이므로 분실된 물건을 소유하는 행동에 비해 엄청난 잘못이 있는 것입니다. 그래서 「점유이탈물횡령죄」는 「1년 이하의 징역 또는 300만 원 이하의 벌금」을 부과하나, 「절도죄」의 경우 더욱 엄하게 「6년 이하의 징역 또는 1천만 원 이하의 벌금」을 부과됩니다.

위 사례의 경우 '백두'의 행동은 어떨까요?

먼저 '한라'가 스마트 워치를 잃어버린 장소가 어디인지를 살펴볼 필요가 있습니다. '한라'가 스마트 워치를 잃어버린 장소는 당구장입니다. 길거리와 같이 소유와 관리자가 불분명한 공용장소에서 잃어버린 물건은 어느 누구의 점유상태에도 해당하지 않기 때문에 스마트 워치는 「점유이탈물」이 됩니다.

그러나 당구장과 같이 소유 및 관리자가 분명한 장소나 가게에서 분실된 물건은 우선적으로 가게 주인 또는 관리자의 점유상태에 들어갑니다. 즉, 유실물의 소유와 사용 권한과는 상관없이 관리자인 당구장 주인의 지배상태에 들어갔다고 보는 것이 타당합니다.

더군다나 당구장 내 분실함이 존재하고 있으므로 위 사례의 경우, 당구장 주인은 손님이 잃어버린 물건을 잠시 지배하던 중 본래의 주인이 물건을 찾으러 오면 반환하려는 의사표시가 포함되어 있습니다. 그렇기 때문에 당구장 안에서 직접적으로 스마트 워치를 습득한 것은 '백두'라 할지라도, '백두'는 당구장 주인인 '태백'의 종업원(아르바이트생)에 불과하므로 스마트 워치의 점유자는 관리자인 '태백'이 됩니다.

결국, '태백'이 분실함 속에 관리하고 있던 스마트 워치를 몰래 훔쳐가 처분한 '백두'의 행동은 「절도죄」에 해당되고 이에 따른 처벌을 받게 될 것입니다.

2. '백두'는 어떤 행동을 했으면 좋았을까요?

첫 번째 궁금증을 해결해나가는 과정에서 우리는 남이 잃어버린 물건을 함부로 소유할 경우, 「점유이탈물횡령죄」 또는 「절도죄」로 처벌받는다는 사실을 확인하였습니다. 그렇다면 남이 잃어버린 물건을 발견하였을 경우 어떤 방법이 최선일까요?

"네, 그렇습니다."

남이 잃어버린 물건을 발견할 경우 주인을 찾아주기 위해 경찰서에 신고를 하셔야 되고 이럴 경우 보상이 따르기도 하는데, 유실물을 신고하여 주인을 찾는 데 도움을 준다면 신고한 사람에게 보상이 이루어지도록 「유실물법」과 「민법」에서는 다음과 같이 규정되어 있습니다.

유실물법

제4조(보상금)
물건을 반환받는 자는 물건가액(物件價額)의 100분의 5 이상 100분의 20 이하의 범위에서 보상금(報償金)을 습득자에게 지급하여야 한다. 다만, 국가 · 지방자치단체와 그 밖에 대통령령으로 정하는 공공기관은 보상금을 청구할 수 없다.
제8조(유실자의 권리 포기)
① 물건을 반환받을 자는 그 권리를 포기하고 제3조의 비용과 제4조의 보상금 지급의 의무를 지지 아니할 수 있다.

② 물건을 반환받을 각 권리자가 그 권리를 포기한 경우에는 습득자가 그 물건의 소유권을 취득한다. 다만, 습득자는 그 취득권을 포기하고 제1항의 예에 따를 수 있다.

③ 법률에 따라 소유 또는 소지가 금지된 물건의 습득자는 소유권을 취득할 수 없다. 다만, 행정기관의 허가 또는 적법한 처분에 따라 그 소유 또는 소지가 예외적으로 허용되는 물건의 경우에는 그 습득자나 그 밖의 청구권자는 제14조에 따른 기간 내에 허가 또는 적법한 처분을 받아 소유하거나 소지할 수 있다.

민법

제253조(유실물의 소유권취득) 유실물은 법률에 정한 바에 의하여 공고한 후 6개월 내에 그 소유자가 권리를 주장하지 아니하면 습득자가 그 소유권을 취득한다.

즉, 습득자가 물건을 주워 경찰서에 신고(7일 이내 신고)하고, 주인이 물건을 찾아간 날로부터 1개월 이내 보상청구를 한다면, 물건 주인은 물건값의 5~20% 범위 내(습득자는)에서 보상금을 지급할 의무가 있는 것입니다.

또한 경찰서에서는 유실물 공고 후 6개월 내에 소유자가 권리(내 물건이다)를 주장하지 않으면 습득자가 유실물의 소유권을 취득하며,

만약 습득자가 소유권 취득일로부터 6개월 이내에 유실물을 가져가지 않는다면 유실물은 국가로 귀속될 것입니다.

POWER PRECEDENT

대법원 1993. 3. 16. 선고 92도170 판결 〈절도〉, 대법원 1999. 11. 26. 선고 99도3963 〈점유이탈물횡령〉, 대법원 1967. 5. 23. 선고 67다389 〈보상금〉

MOTIVE가 된 판례

대법원 1993 3. 16. 선고
92도3170 판결 〈절도〉

고속버스 운전사인 '백두'는 차내에 있는 승객의 물건을 점유하는 것이 아니고 승객이 잊고 내린 유실물을 교부받을 권능을 가질 뿐이므로 유실물을 현실적으로 발견하지 않는 한 이에 대한 점유를 개시하였다고 할 수 없고, 그사이에 다른 승객이 유실물을 발견하고 이를 가져갔다면 「절도」에 해당하지 아니하고 「점유이탈물횡령」에 해당된다.

대법원 1999. 11. 26. 선고
99도3963 〈점유이탈물횡령〉

승객이 놓고 내린 지하철의 전동차 바닥이나 선반 위에 있던 물건을 가지고 간 경우, 지하철의 승무원인 '백두'는 유실물법상 승객이 잊고 내린 유실물을 교부받을 권능을 가질 뿐 전동차 안에 있는 승객의 물건을 점유한다고 할 수 없고, 그 유실물을 현실적으로 발견하지 않는 한 이에 대한 점유를 개시하였다고 할 수도 없으므로, 그사이에 위와 같은 유실물을 발견하고 가져간 행위는 「절도죄」에 해당하지는 않는다.

유실물 습득자에 대한 보상액은 그 물건의 유실자가 그 유실물
의 반환을 받음으로써 면할 수 있었던 객관적인 위험성의 정도를
표준으로 하여 결정하여야 한다.

CHAPTER 5

몰래
카메라

'너' 안 찍었는데?
아닌데…

'백두'는 여름휴가를 맞이하여 친구들과 함께 부산 해운대로 여행을 왔다. 작열하는 태양 빛을 받으며 푸르게 빛나는 바다가 주는 평온함과 싱싱한 자연산 해산물을 먹을 수 있겠다는 기대로 '백두'의 마음은 한없이 들떠 있다.

낮 동안 뜨거운 해변에서 신나게 해수욕을 즐긴 '백두'. 친구들은 펜션으로 돌아가 소주에 바비큐 삼겹살을 먹자고 제안한다.

"이것들이! 바다에 왔으면 회를 먹어야지 고기는 무슨 고기야! 삼겹살은 서울 가서 먹자!"

'백두'는 반드시 회를 먹어야 한다며 고집을 부리고, 함께 놀러 온 친구들은 여행 온 기분을 망치기 싫어 하는 수 없이 해운대의 한 횟집에 들어간다.

친구들과 즐거운 저녁 시간을 보내며 술자리가 무르익던 중 '백두'의 눈에는 옆 테이블에 앉은 짧은 반바지 차림으로 허벅지가 노출된 미모의 여성인 '한라'가 보인다.

"와 피부도 뽀얗고, 다리도 길고, 완전 내 스타일인데."

"야~! 목소리 너무 크다! 네가 한 말 들리면 성희롱으로 고소당해! 술이나 먹어~!"

정신을 못 차리고 곁눈질을 하는 '백두'에게 친구인 '태백'이 핀잔을 주지만 '백두'는 아랑곳하지 않고 되려 뚫어지게 '한라'를 쳐다본다.

"야! 그만 쳐다보라니까! 이거 술 먹고 사고 칠 놈이네! 정신 차려! 너 신고당한다니까? 아니면 용기 있게 가서 말 한번 걸어보던가?!"

점점 행동이 과감해지는 '백두'. 계속해서 '한라'를 훔쳐보던 중 어느 순간 자신도 모르게 스마트폰을 꺼내 들고 카메라 앱을 실행시킨다.

그리고 자연스럽게 횟집의 전체적인 모습과 분위기를 촬영하는 척하면서 사진의 중심 구도에는 '한라'의 전신 모습을 두고 촬영한 후 야릇한 미소와 함께 '한라'의 사진을 친구들 사이 카카오톡 단톡방에 게시하고야 만다.

"옆 테이블 이쁜이~! 완전 내 스타일! 죽이지 않냐?"

한편, '한라'는 계속해서 자신을 쳐다보며 사진을 찍는듯한 '백두'의 행동이 불쾌하여 신경이 곤두서 있었다. 결국 참지 못한 '한라'는 자리에서 일어나 '백두'에게로 다가간다.

"혹시 저 찍으셨어요? 뭐 하는 짓이죠?"

"무…무슨 소리예요? 그냥 여행 와서 맛집 사진 찍은 건데요?"

'백두'는 갑작스러운 '한라'의 항의에 당황하며 뒷걸음질 치다 자신도 모르게 스마트폰을 떨어뜨리고 만다. 그리고 '한라'는 이를 잽싸게 낚아채어 사진첩인 「갤러리 앱」을 확인한다. 「갤러리 앱」 안에는 자신의 모습, 특히 노출된 허벅지가 선명하게 담긴 사진이 여러 장이 담겨 있어 '한라'는 경악을 금치 못한다.

결국, '한라'는 '백두'를 고소하였고, '백두'는 「성폭력범죄의 처벌 등에 관한 특례법(성폭력처벌법)」으로 형사재판을 받게 된다.

QUESTION

1. '백두'의 행동은 불법일까요?
2. '백두'의 변명은 통할 수 있을까요?

1. '백두'의 행동은 불법일까요?

2020년은 코로나19로 온 국민이 힘든 시기를 보냈던 한 해였고 2021년도 마찬가지로 그 고통은 이어져 오고 있습니다. 코로나19로 경제적으로도, 심적으로도 힘든 시기를 보내고 있던 우리 국민들에게 또 다른 충격을 준 엄청난 사건이 세상에 드러났는데, 바로 텔레그램 「n번방」사건입니다. 이 사건은 「디지털 성범죄」라는 관념이 온 국민의 머릿속에 각인이 되었다고 해도 무방할 만큼 충격적인 「성범죄사건」이었습니다.

위 사례의 경우, '백두'의 행동을 보며 손쉽게 "이건 몰래카메라야!"라는 판단을 내리셨을 것입니다. 그리고 이러한 「몰래카메라」는 아래와 같이 「디지털 성범죄」의 일종의 하나로 분류가 될 수 있습니다.

디지털 성범죄 유형

1. 딥페이크 행위
   당사자의 동의 없이 사진이나 영상을 합성하여 성적으로 이용하는
   행위

2. 재유포 및 제3자 유포 행위
   최초 유포 이후 유포자, 혹은 제3자에 의해 2차 유포가 이루어지
   는 행위

3. 사이버 공간 내 성적 괴롭힘 행위
   단톡방 내 성희롱, 온라인 커뮤니티 내 성적 명예훼손, 게임 내 성
   적 모욕, 명예훼손성 성적 명의 및 사진 도용

4. 온라인 그루밍 행위
   성(性) 착취를 수월하게 하고 범죄의 폭로를 막으려고 대인관계
   및 사회적 환경이 취약한 대상에게 다양한 통제 및 조종 기술을 사
   용하는 것

5. 성적 촬영물 비동의 유포 행위
   합의하에 성적 영상을 촬영했으나 동의 없이 온라인 공간에 유포
   하는 행위
   동의 없이 성행위 영상을 촬영 후 유포하는 행위

6. 공공장소에서 불법 도둑 촬영(몰래카메라) 후 게시 행위
   공공장소 등에서 다른 사람의 신체를 몰래 찍어 온라인 공간에 유
   포하는 행위

즉, 음식점인 「횟집」은 다중이 이용하는 장소이기에 공공장소로 분류되고, 이러한 공공장소에서 '한라'의 신체를 몰래 찍어 단톡방에 올린 '백두'의 범죄 유형은 「디지털 성범죄」의 일종인 「6. 공공장소에서 불법 도둑 촬영(몰래카메라) 후 게시 행위」에 해당되므로 형사처벌을 받게 될 것입니다.

2. '백두'의 변명은 통할 수 있을까요?

위 사례의 경우, '백두'는 횟집의 전체적 모습과 분위기를 촬영하던 중 우연히 '한라'의 전신 모습이 들어와 있었다며 자신의 무죄를 주장하고 있습니다. 사진 속 '한라'의 모습은 비록 허벅지가 노출되어 있지만, 이는 젊은 여성의 일반적인 패션에 불과하고 다른 부분에는 아무런 노출이 없는 상태이기 때문에 이상한 사진도 아니라며 변명하였습니다.

이러한 '백두'의 변명과 관련하여서는 아래와 같이 「성폭력범죄의 처벌 등에 관한 특례법(성폭력처벌법)」을 살펴보아야 합니다.

성폭력범죄의 처벌 등에 관한 특례법(성폭력처벌법)

제14조(카메라 등을 이용한 촬영)
① 카메라나 그 밖에 이와 유사한 기능을 갖춘 기계장치를 이용하여 성적 욕망 또는 수치심을 유발할 수 있는 사람의 신체를 촬영대상자의 의사에 반하여 촬영한 자는 7년 이하의 징역 또는 5천만 원 이하의 벌금에 처한다.

② 제1항에 따른 촬영물 또는 복제물(복제물의 복제물을 포함한다. 이하 이 조에서 같다)을 반포 · 판매 · 임대 · 제공 또는 공공연하게 전시 · 상영(이하 "반포 등"이라 한다)한 자 또는 제1항의 촬영이 촬영 당시에는 촬영대상자의 의사에 반하지 아니한 경우(자신의 신체를 직접 촬영한 경우를 포함한다)에도 사후에 그 촬영물 또는 복제물을 촬영대상자의 의사에 반하여 반포 등을 한 자는 7년 이하의 징역 또는 5천만 원 이하의 벌금에 처한다.

③ 영리를 목적으로 촬영대상자의 의사에 반하여 「정보통신망 이용 촉진 및 정보보호 등에 관한 법률」 제2조 제1항 제1호의 정보통신망(이하 "정보통신망"이라 한다)을 이용하여 제2항의 죄를 범한 자는 3년 이상의 유기징역에 처한다.

④ 제1항 또는 제2항의 촬영물 또는 복제물을 소지 · 구입 · 저장 또는 시청한 자는 3년 이하의 징역 또는 3천만 원 이하의 벌금에 처한다.

제14조의2(허위영상물 등의 반포 등)

① 반포 등을 할 목적으로 사람의 얼굴 · 신체 또는 음성을 대상으로 한 촬영물 · 영상물 또는 음성물(이하 이 조에서 "영상물 등"이라 한다)을 영상물 등의 대상자의 의사에 반하여 성적 욕망 또는 수치심을 유발할 수 있는 형태로 편집 · 합성 또는 가공(이하 이 조에서 "편집 등"이라 한다) 한 자는 5년 이하의 징역 또는 5천만 원 이하의 벌금에 처한다.

② 제1항에 따른 편집물 · 합성물 · 가공물(이하 이 항에서 "편집물 등"이라 한다) 또는 복제물(복제물의 복제물을 포함한다. 이하 이 항에서 같다)을 반포 등을 한 자 또는 제1항의 편집 등을 할 당시에는 영상물 등의 대상자의 의사에 반하지 아니한 경우에도 사후에 그 편집물 등 또는 복제물을 영상물 등의 대상자의 의사에 반하여 반포 등을 한 자는 5년 이하의 징역 또는 5천만 원 이하의 벌금에 처한다.

③ 영리를 목적으로 영상물 등의 대상자의 의사에 반하여 정보통신망을 이용하여 제2항의 죄를 범한 자는 7년 이하의 징역에 처한다.
④ 상습으로 제1항부터 제3항까지의 죄를 범한 때에는 그 죄에 정한 형의 2분의 1까지 가중한다.

제14조의3(촬영물 등을 이용한 협박 · 강요)
① 성적 욕망 또는 수치심을 유발할 수 있는 촬영물 또는 복제물(복제물의 복제물을 포함한다)을 이용하여 사람을 협박한 자는 1년 이상의 유기징역에 처한다.
② 제1항에 따른 협박으로 사람의 권리행사를 방해하거나 의무 없는 일을 하게 한 자는 3년 이상의 유기징역에 처한다.
③ 상습으로 제1항 및 제2항의 죄를 범한 경우에는 그 죄에 정한 형의 2분의 1까지 가중한다.

제15조(미수범)
제14조, 제14조의2 및 제14조의3의 미수범은 처벌한다.

즉, 「성폭력범죄의 처벌 등에 관한 특례법」을 살펴보면, '백두'가 '한라'의 전신 모습을 촬영한 사진이 「성적 욕망 또는 수치심을 유발할 수 있는 타인의 신체」에 해당하는지 살펴보아야 할 것입니다.

그리고 이러한 해당 여부는 「객관적으로 피해자와 같은 성별, 연령대의 일반적이고도 평균적인 사람들의 입장에서 성적 욕망 또는 수치심을 유발할 수 있는 신체에 해당하는지 여부를 고려함과 아울러, 당해 피해자의 옷차림, 노출의 정도 등은 물론, 촬영자의 의도와 촬영에 이르게 된 경위, 촬영장소와 촬영각도 및 촬영거리, 촬영된 원판의 이미지, 특정 신체 부위의 부각 여부 등을 종합적으로 고려하여 구체적 · 개별적 · 상대적으로 결정」하여야 하는 것이 확립된 대법원의 판단입니다.

결국, '백두'가 '한라'를 촬영한 사진은 사진의 구도상 '한라'의 모습은 전체배경의 중심에 있고, '한라'의 노출된 허벅지가 선명하게 드러나 있을 뿐만 아니라 '소백'의 사진을 카카오톡 단체 톡방에 게시하면서 '한라'의 외모에 대하여 언급한 점 등을 고려한다면, 성적 욕망 또는 수치심을 유발할 수 있는 신체에 해당하여 이러한 타인의 신체를 그 의사에 반하여 촬영한 사진에 속하므로 '백두'의 변명은 통하지 않을 것입니다.

POWER PRECEDENT

대법원 2008. 9. 25. 선고 2008도7007 판결 〈성폭력범죄의처벌및피해자보호등에관한법률위반(카메라등이용촬영)〉, 부산지방법원 2018. 7. 6. 선고 2018노609 판결 〈성폭력범죄의처벌등에관한특례법위반(카메라등이용촬영)〉

MOTIVE가 된 판례

- -

대법원 2008. 9. 25. 선고 2008도7007 판결
〈성폭력범죄의 처벌 및 피해자 보호 등에 관한 법률위반(카메라등이용촬영)〉

카메라 기타 이와 유사한 기능을 갖춘 기계장치를 이용하여 성적 욕망 또는 수치심을 유발할 수 있는 타인의 신체를 그 의사에 반하여 촬영하는 행위를 처벌하는 「성폭력범죄의 처벌 및 피해자 보호 등에 관한 법률 제14조의2 제1항」은 인격체인 피해자의 성적 자유 및 함부로 촬영당하지 않을 자유를 보호하기 위한 것이다. 촬영한 부위가 「성적 욕망 또는 수치심을 유발할 수 있는 타인의 신체」에 해당하는지 여부는 객관적으로 피해자와 같은 성별, 연령대의 일반적이고도 평균적인 사람들의 입장에서 성적 욕망 또는 수치심을 유발할 수 있는 신체에 해당되는지 여부를 고려함과 아울러, 당해 피해자의 옷차림, 노출의 정도 등은 물론, 촬영자의 의도와 촬영에 이르게 된 경위, 촬영장소와 촬영각도 및 촬영거리, 촬영된 원판의 이미지, 특정 신체 부위의 부각 여부 등을 종합적으로 고려하여 구체적·개별적·상대적으로 결정하여야 한다.

'백두'는 야간 심야버스 안에서 휴대폰 카메라로 옆 좌석에 앉은 여성의 치마 밑으로 드러난 허벅다리 부분을 촬영한 사안에서, 그 촬영 부위가 「성폭력범죄의 처벌 및 피해자 보호 등에 관한 법률

제14조의2 제1항」의「성적 욕망 또는 수치심을 유발할 수 있는 타인의 신체」에 해당하므로 유죄를 선고한다.

부산지방법원 2018. 7. 6. 선고 2018노609 판결
〈성폭력범죄의처벌등에관한특례법위반(카메라등이용촬영)〉

'백두'는 술집 내의 옆 테이블 의자에 짧은 반바지를 입고 허벅지를 노출한 채 앉아 있던 피해 여성 갑의 측면 전신을 자신의 스마트폰으로 몰래 촬영한 다음 밴드 애플리케이션 대화방에 접속하여 '내 옆에 상큼이들. 햐. 아 어떡해. 쳐다본다'는 내용의 메시지 등과 함께 그 사진을 게시함으로써 반포·제공하였으므로 유죄를 선고한다.

CHAPTER 6

카드비
미납

미래의 나에게 잠시 빌렸어요~!

'백두'는 오늘도 어제처럼 한 평 남짓한 고시원 방에서 눈을 뜨며 고통스러운 아침을 맞이한다. 언제부터인지 기억이 나진 않지만 취업을 준비하며 매일같이 반복되는 일상이 그저 괴롭고 심란한데, 생각처럼 취업이 쉽지 않기 때문이다.

"큰일이네. 대학 졸업한 지 벌써 2년이 다 되어가는데…. 취업해서 월급이라도 받아야 사람 구실하지…. 언제쯤 이 지긋지긋한 고시원 생활을 청산할까…!"

대학을 졸업한 후 평소 돈독하게 지냈던 교수님들의 소개로 대학 내 행정실 인턴으로 근무하며 취업 준비를 했었던 '백두'는 인턴 종료 계약기간이 종료될 무렵부터 백수생활을 시작함과 동시에 이곳저곳 여러 업체에 부지런히 이력서를 제출한다.

"또 떨어졌네…."

'백두'는 이력서를 넣는 업체마다 면접심사는커녕 1차 관문인 서류심사조차도 합격하지 못하여 계속 낙담할 수밖에 없었지만, 어떻게 해서든 하루빨리 취업해 지긋지긋한 생활고를 벗어나고 싶은 마음은 너무나 간절했다.

"'백두' 파이팅!"

「잡코리아, 교차로 신문 등」여기저기 구직란을 살펴보며 취업할 업체를 찾던 중 가능성이 보이는 업체에 전화해보니, 그 업체에서는 이력서와 함께 '백두'가 인턴으로 근무했던 대학교 행정실의 「경력증명서」를 첨부해서 방문하라고 한다.

경력증명서를 발급받기 위해 학교를 방문한 '백두'는 오랜만에 활기가 돈다. 젊은 후배 학생들이 캠퍼스의 낭만을 즐기며 정답게 얘기 나누고 있는 모습을 보니, 자신도 모르게 대학 시절의 추억에 빠져들었기 때문이다.

대학교 행정실에 도착 후 '백두'를 알아보는 예전 동료들과 가볍게 인사를 나누고 서류발급을 기다리던 중 자신의 후임자인 '태백'이 다급한 표정으로 다가와 말을 건다.

"'백두'형, 근무하면서 했었던 업무 내용들 다 기억하시죠? 방금 아버지가 교통사고 당하셨다고 연락 왔거든요. 그래서 저 지금 바로 병원으로 가봐야 할 것 같은데 저 대신 2시간만 자리 좀 지켜주시면 안 될까요? 방학 기간이라 민원인들은 별로 많지 않아요. 부탁 좀 드리겠습니다."

"물론이지. 걱정하지 말고 빨리 가봐! 어서!"

평소 '태백'과 친분이 두터웠던 '백두'는 부탁받은 업무가 예전에 자신이 능숙하게 처리해왔던 일이기도 하고, 상황이 안쓰럽기도 하여 '태백'이 돌아올 때까지 대리 근무를 봐주기로 하고 사무실 책상에 자리하였다.

"똑똑똑."

'태백'이 사무실을 떠난 지 얼마 지나지 않아 말끔한 정장 차림의 '한라'와 '소백'이 행정사무실로 들어온다. '한라'는 「대한신용카드」, '소백'은 「민국신용카드」회사의 각 영업직원으로 해마다 행정사무실에 방문해 신규 및 인턴직원들을 대상으로 카드 발급 영업을 하고 있었는데, 새로이 근무하는 직원이 있는지 사무실을 두리번거리던 중 '백두'를 알아보고 반가운 인사를 건네며 다가온다.

"우리 '백두' 씨는 볼수록 미남이시네. 아직 사무실에 근무하시네요? 계약기간이 연장되었나 봐요? 혹시 올해는 카드 발급받으실 생각이 없으신가요?"

'백두' 역시 작년에 방문했었던 '한라'와 '소백'을 알아보고 잠시 '태백' 대신 자리를 봐주고 있을 뿐이라는 대답을 하려다 머뭇거린다. 백수라는 사실이 부끄러웠기 때문이다.

그리고 통장 체크카드로만 생활해오던 '백두'는 변변한 수입이 없어 항상 친구들과의 모임에서도 술 한 번 제대로 사지 못하고 옷 한 벌 선뜻 사 입지 못했던 처지였던지라, 신용카드의 발급으로 당장 누릴 수 있는 할부거래와 현금서비스는 무척이나 달콤한 유혹이었다.

"아이고~ '한라' 선생님. 오랜만에 뵙네요. 어쩌다 보니 여기서 계속 일하고 있습니다. 최저 시급이긴 해도 월급은 꼬박꼬박 들어오니 좋네요. 이참에 저도 카드 하나 만들어볼까요?"

자신도 모르게 거짓말을 해버린 '백두'. '한라'와 '소백'은 '백두'의 말에 근로계약 기간이 연장되어 계속 일하고 있나 보다 생각하고 별 의심 없이 자신들 회사의 「대한신용카드」와 「민국신용카드」를 한 장씩 발급해준다.

"야! 오늘 모두 집합!! 오늘은 내가 한턱 쏜다!"

'백두'는 그동안 억눌려왔던 분노의 소비를 시작하는데…. 우선 그동안 친구들부터 얻어먹었던 술 한잔을 사고, 평소 입고 싶었던 청바지와 후드티를 할부거래로 구입하는 등 고삐 풀린 망아지마냥 절제 없는 소비를 이어간다.

"취업하면 어떻게든 갚을 수 있겠지, 카드값은 미래의 나에게 빌려 쓰는 돈이라잖아~! 취업하고 갚으면 돼!"

쌓여가는 카드 대금에 대한 불안감을 억누르며 안일하고 무분별한 소비생활을 하던 '백두'는 「대한신용카드」 대금의 변제기일이 다가오지만 계속해서 취업문은 쉽사리 열리지 않는다.

그리고 별다른 대안이 없던 '백두'는 이자율이 높은 대신 상대적으로 대출이 쉽고 빠른 「민국신용카드」의 현금서비스를 이용하여 「대한신용카드」 대금을 변제하고, 「민국신용카드」 대금은 「대한신용카드」의 현금서비스를 이용하여 변제하는 등 일명 카드 돌려막기(카드깡) 방법으로 각 카드회사의 카드 대금을 갚기 시작한다.

그러나 '백두'의 카드 돌려막기 방법은 감당하기 힘든 원금과 이자만 계속 늘어나게 했을 뿐 문제의 해결책은 아니었고, 자신도 모르는 사이 카드빚은 25,000,000원이나 쌓이게 되자 '백두'의 모든 신용카드는 사용이 정지되어 카드 돌려막기로는 더 이상 빚을 갚을 수 없게 되어버렸다.

"일단 도망가자! 나는 자연인이다!"

결국, '한라'가 근무하는 「대한신용카드」회사는 '백두'를 고소하였고, '백두'는 「사기죄」로 형사재판을 받게 된다.

QUESTION

1. 신용카드의 사용은 사용자와 카드회사 간에 어떠한
   법률관계가 형성될까요?
2. '백두'는 「사기죄」로 처벌될까요?

ANSWER

1. 신용카드의 사용은 사용자와 카드회사 간에 어떠한 법률관계가 형성될까요?

어느 순간 우리의 소비문화는 예전과 비교할 때, 정말 많은 변화를 겪어온 것 같습니다. 예전의 모습을 돌이켜보면, 우리는 지갑 안에 항상 현금을 채워놓고 현금을 통해서 거래해왔지만 이제는 현금 대신 신용카드가 그 자리를 대신하고 있습니다.

또한 디지털 기술의 발전에 따라 스마트폰 등의 스마트 기기에 신용카드 정보를 입력하여 사용하는 삼성페이 등의 결제 방식이 늘어남에 따라, 이젠 지갑마저도 더 이상 생활의 필수품이 아니게 된 듯합니다. 이러한 생활방식의 변화인 신용카드 사용은 「내 월급은 내 통장을 잠시 스쳐 갈 뿐이다!」라는 자조적인 풍자가 유행할 만큼 우리 생활의 일상이 되었습니다. 그렇기에 신용카드 사용에 대한 정확한 법률적 이해가 필요할 것입니다.

신용카드의 거래는 신용카드업자로부터 카드를 발급받은 사람(카드회원)이 신용카드를 사용하여 가맹점으로부터 물품을 구입하면 신용카드업자는 그 카드를 소지하여 사용한 사람이 신용카드업자로부터 신용카드를 발급받은 정당한 카드회원인 한 그 물품 구입 대금을 가맹점에 대리하여 결제하여 주는 거래입니다.

그래서 신용카드회사는 카드회원에게 물품 구입 대금을 대출해 주는 금전채권자이고, 카드회원이 현금자동지급기 등을 통하여 현금을 인출하는 이른바 인터넷뱅킹이나 폰뱅킹의 방법으로 현금서비스를 받아가면 현금대출관계가 성립되어 신용카드회사는 카드회원에게 대출금채권을 가지는 것이므로 카드회원은 신용카드회사에 신용카드 거래에서 발생한 대출금채무를 변제할 의무를 가지게 됩니다.

결국, 카드회원이 신용카드를 사용한다는 것은 사용 방식에 따라 카드회원과 신용카드회사 간에 금전채권, 또는 대출금채권계약을 맺는 채권 · 채무관계가 발생되는 것입니다.

2. '백두'는 「사기죄」로 처벌될까요?

앞서 살펴본 바와 같이, 카드회원이 신용카드 사용으로 인한 신용카드회사의 금전채권을 발생케 하는 행위는 신용카드업자에 대하여 대금을 성실히 변제할 것을 전제로 하는 것입니다. 그래서 카드회원은 자신이 사용한 카드 대금만큼 정해진 날짜에 자동결제 방식 등을 통하여 신용카드회사의 카드 대금을 변제하게 됩니다.

위 사례의 경우, '백두'가 25,000,000만 원의 카드 대금을 변제하지 않고 연체를 지속한 행위가 형법상 사기에 해당하는지를 확인해 보기 위해 관련 조문을 살펴보도록 하겠습니다.

형법

제347조(사기)
① 사람을 기망하여 재물의 교부를 받거나 재산상의 이익을 취득한 자는 10년 이하의 징역 또는 2천만 원 이하의 벌금에 처한다.
② 전항의 방법으로 제삼자로 하여금 재물의 교부를 받게 하거나 재산상의 이익을 취득하게 한 때에도 전항의 형과 같다.

즉, 법률상 「사기죄」가 성립되기 위해서는, 피해자(「신용카드회사」)를 '기망*'하여 가해자('백두')가 재산상의 이익을 취해야 합니다. 여기서 '기망'이란, 거짓을 말하거나 진실을 숨김으로써 상대방을 착오에 빠지게 하는 행위를 의미합니다.

그리고 '백두'는 '한라'와 '소백'을 통해 신용카드를 발급받을 당시 변제할 능력이 없었던 상태였습니다. 다시 말해 취업도 하지 않았

---

* 기망 : 「남을 속이는 것」을 말합니다.

고 그렇기 때문에 신용카드를 사용하더라도 변제할 능력이 전혀 없었음에도 불구하고 마치 대학교 행정실에 계속 근무하는 것처럼 속인 후 신용카드를 발급받아 물품을 구입하고, 현금대출 서비스를 받는 등의 재산상의 이익을 취하였습니다.

결국, '백두'는 형법상 「사기죄」로 처벌받게 될 것입니다.

이렇듯 자신의 능력에 맞지 않는 무분별한 카드 사용은 가계경제의 위협이 될 뿐만 아니라 형사처벌이라는 무거운 책임을 져야 하는 위험성이 언제나 도사리고 있으니 신용카드를 현명히 사용해야 합니다.

POWER PRECEDENT

대법원 2006. 3. 24. 선고 2006도282 판결 〈사기〉, 대법원 2005. 8. 19. 선고 2004도6859 판결 〈사기〉, 대법원 1996. 4. 9. 선고 95도2466 판결 〈사기〉

잠깐! 알아두면
힘이 되는 법률 이야기!!

「사기죄의 공소시효(公訴時效)」

2007. 12. 21.까지의 범죄 – 7년의 공소시효(구 형사소송법)
2007. 12. 22. 이후의 범죄 – 10년의 공소시효(형사소송법 제 249조)

「공소시효(公訴時效)」란?

– 범죄를 저지른 자를 일정한 기간이 지나면 해당 범죄행위에 대해 국가의 형벌권이 소멸되는 제도(기간)를 뜻합니다. 즉, 이러한 공소시효 기간을 넘겨 범죄자를 고소할 경우 처벌되지 않습니다.

MOTIVE가 된 판례

대법원 2006. 3. 24. 선고
2006도282 판결 〈사기〉

'백두'는 신용카드업자에게 사용 대금을 변제할 의사나 능력이 없거나 적어도 매우 모자랐음에도 불구하고 공소사실 기재의 각 카드 사용 행위를 하였다고 보아 이 사건 사기의 범죄사실을 유죄로 판단한 조치는 정당하다. 또한 사기죄의 피해자는 이 사건 신용카드업자인 삼성카드 주식회사라고 할 것인데, 법인도「사기죄」의 피해자가 될 수 있다.

대법원 2005. 8. 19. 선고
2004도6859 판결 〈사기〉

신용카드의 거래는 신용카드업자로부터 카드를 발급받은 사람(카드회원)이 신용카드를 사용하여 가맹점으로부터 물품을 구입하면 신용카드업자는 그 카드를 소지하여 사용한 사람이 신용카드업자로부터 신용카드를 발급받은 정당한 카드회원인 한 그 물품 구입 대금을 가맹점에 결제하는 한편, 카드회원에 대하여 물품 구입 대금을 대출해준 금전채권을 가지는 것이고, 또 카드회원이 현금자동지급기를 통해서 현금서비스를 받아가면 현금대출관계가 성립되어 신용카드업자는 카드회원에게 대출금채권을 가지는 것이므로, 궁극적으로는 카드회원이 신용카드업자에게 신용카드

거래에서 발생한 대출금채무를 변제할 의무를 부담하게 되고, 그렇다면 이와 같이 신용카드 사용으로 인한 신용카드업자의 금전채권을 발생케 하는 행위는 카드회원이 신용카드업자에 대하여 대금을 성실히 변제할 것을 전제로 하는 것이므로, 카드회원이 일시적인 자금궁색 등의 이유로 그 채무를 일시적으로 이행하지 못하게 되는 상황이 아니라 이미 과다한 부채의 누적 등으로 신용카드 사용으로 인한 대출금채무를 변제할 의사나 능력이 없는 상황에 처하였음에도 불구하고 신용카드를 사용하였다면 「사기죄」에 있어서 기망행위를 인정할 수 있다.

대법원 1996. 4. 9. 선고
95도2466 판결 〈사기〉

'백두'는 신용카드 사용으로 인한 대금결제의 의사와 능력이 없으면서도 있는 것 같이 가장하여 카드회사를 기망하고, 카드회사는 이에 착오를 일으켜 일정 한도 내에서 카드 사용을 허용해 줌으로써 '백두'는 기망당한 카드회사의 신용공여라는 하자 있는 의사표시에 편승하여 자동지급기를 통한 현금대출도 받고, 가맹점을 통한 물품 구입 대금 대출도 받아 카드 발급 회사로 하여금 같은 액수 상당의 피해를 입게 함으로써, 카드 사용으로 인한 일련의 편취행위가 포괄적으로 이루어지는 것이다. 따라서 신용카드 사용으로 인한 카드회사의 손해는 그것이 자동지급기에 의한 인출행위이든 가맹점을 통한 물품 구입 행위이든 불문하고 모두가 피해자인 카드회사의 기망당한 의사표시에 따른 카드 발급에 터 잡아 이루어지는 「사기죄」에 해당한다.

CHAPTER 7

대중교통
사고

저···
여기서 내려요~~~

장맛비가 쏟아지는 6월. '한라'는 오늘도 어김없이 버스에 몸을 싣고 출근길에 올랐다. 매일 같은 출근길에 익숙해져 있던 '한라'는 오늘도 좌석에 앉아 어김없이 유튜브를 시청하며 졸음을 쫓아내고 있다.

얼마 후 목적지에 도착했음을 직감한 '한라'는 슬슬 하차 준비를 한다.

"쏟아지네. 쏟아져~! 아 배차 시간 늦으면 또 민원 들어올 텐데···. 이번 달도 또 시말서를 써야 하는 거 아냐?! 젠장, 밟자! 밟어!"

한편, 버스기사 '백두'는 지긋지긋한 장마가 너무 고단하다. 교통량이 부쩍 많아 배차 시간에 쫓기는 출근 시간대에 비까지 쏟아지니 '백두'의 마음은 그저 초조할 뿐이다.

마음이 다급한 '백두'는 승객들을 빠르게 하차시키고 출발하기 위해 버스가 정차하기도 전에 버스출입문 스위치에 손이 간다. 버스 출입문이 열리는 것을 인지한 '한라'는 계속 유튜브에 시선이 고정된 채 자리에서 일어나 출입문 쪽으로 다가갔지만 급정거한 버스의 흔들림과 바닥의 물기로 인해 중심을 잃고 바닥에 넘어진다.

"으악! 아저씨! 급정거하면 어떡해요?! 이 아저씨 문 열어놓고 달리셨네?!"

결국, 버스에서 넘어지며 골절상을 입은 '한라'는 '백두'가 근무하는 버스회사를 상대로 「손해배상청구」 소송을 접수한다.

QUESTION

1. 대중교통 이용 시 상해를 입을 경우 보상받을 수 있을까요?

ANSWER

1. 대중교통 이용 시 상해를 입을 경우 보상받을 수 있을까요?

「주의의무」의 정의와 관련하여서는 「CHAPTER 2. 자전거 사고」 사례에서 살펴본 사실이 있습니다. 마찬가지로 운전자와 승객 역시 「주의의무」가 요구됩니다.

먼저 「운전자의 주의의무」에 관한 위반 또는 과실이 있는지 살펴봅니다. 운전기사인 '백두'는 비가 내려 버스 바닥에 물기가 있어 승객이 미끄러져 넘어질 우려가 있는 상황을 예측할 수 있었습니다. 그러한 경우 버스정류장에 버스를 완전히 정차한 다음 출입문을 열어 버스승객이 넘어져 부상을 당하지 않도록 안전하게 운전하여야 할 「주의의무」가 존재함에도 불구하고 이를 게을리하여 운전한 과실이 있으므로 버스승객인 '한라'는 자신이 입은 상해에 대하여 손해배상을 청구할 수 있습니다.

그리고 승객 역시 대중교통 운행 중 또는 정차 때까지 버스손잡이 등을 확실히 잡아 넘어지지 않는 등 스스로의 안전을 확보해야 할 「주의의무(특히, 비가 와서 바닥이 미끄러울 경우나 차량이 급정거할 것을 대비)」가 존재합니다.

'한라'는 버스의 완전한 정차를 확인하지 않은 상태에서 좌석에서 일어났습니다. 또한 스마트폰에 시선을 응시한 채 주변을 살피지 않았고 바닥이 미끄러운 상태임에도 불구하고 손잡이를 잡지 않고 움직이다 중심을 잃고 쓰러져 부상을 입었습니다. 따라서 '한라'에게도 「주의의무」를 게을리한 과실 역시 존재하고 있습니다.

결국, '한라'는 본인의 상해에 대한 손해배상을 청구함에 있어 본인의 과실(「주의의무 위반」) 비율만큼 차감한 금액에 한하여 손해배상받을 수 있을 것입니다.

한편, '한라'는 버스회사(운송사업자)가 사고 등을 대비하여 공제계약을 체결한 버스공제조합(공제사업자)을 상대로 손해배상 소송을 제기하면 될 것입니다.

공제조합

운송사업자는 사고가 발생할 경우 손해액이 클 수 있기 때문에 공제조합을 설립하여 운영하며 보험회사라 생각하면 됩니다(ex-택시공제조합, 버스공제조합, 화물공제조합 등).
부상을 당한 승객은 통합공제약관에 손해배상청구권자의 직접청구권조항을 두고 있으므로 공제조합을 상대로 손해배상청구가 가능한 것입니다.

POWER PRECEDENT

대법원 1992. 4. 28. 선고 92도56 판결 〈교통사고처리특례법위반〉, 대법원 2010. 7. 22. 선고 2010도1911 판결 〈교통사고처리특례법위반〉, 울산지방법원 2017. 6. 14. 선고 2016가단26531 판결 〈손해배상(기)〉, 서울중앙지방법원 2016. 1. 29. 선고 2014가단25076 판결 〈손해배상(기)〉, 서울북부지방법원 2019. 5. 2. 선고 2019고단870 〈교통사고처리특례법위반〉

MOTIVE가 된 판례

대법원 1992. 4. 28. 선고
92도56 판결 〈교통사고처리특례법위반〉

시내버스의 운전사인 '백두'는 버스정류장에서 일단의 승객을 하차시킨 후 통상적으로 버스를 출발시키던 중 뒤늦게 버스 뒤편 좌석에서 일어나 앞쪽으로 걸어 나오던 피해자가 균형을 잃고 넘어진 경우, '백두'로서는 승객이 하차한 후 다른 움직임이 없으면 차를 출발시키는 것이 일반적이므로 특별한 사정이 없으면 착석한 승객 중 더 내릴 손님이 있는지, 출발 도중 넘어질 우려가 있는 승객이 있는지 등의 여부를 일일이 확인하여야 할 「주의의무」가 없다는 이유로 운전사의 과실을 인정하지 않고 무죄를 선고한다.

대법원 2010. 7. 22. 선고
2010도1911 판결 〈교통사고처리특례법위반〉

골프 카트는 안전벨트나 골프 카트 좌우에 문 등이 없고 개방되어 있어 승객이 떨어져 사고를 당할 위험이 커, 골프 카트 운전업무에 종사하는 '백두(골프장 캐디)'로서는 골프 카트 출발 전에는 승객들에게 안전손잡이를 잡도록 고지하고 승객이 안전손잡이를 잡은 것을 확인하고 출발하여야 하고, 우회전이나 좌회전을 하는 경우에도 골프 카트의 좌우가 개방되어 있어 승객들이 떨어져서 다칠 우려가 있으므로 충분히 서행하면서 안전하게 좌회전이나 우회전을 하여야 할 업무상 「주의의무」가 있다.

서울중앙지방법원 2016. 1. 29. 선고
2014가단25076 판결 〈손해배상(기)〉

버스 운행을 하던 '백두'는 서울 구로구 가리봉동 소재 가리봉오거리 정류장에서 가산파출소 방향으로 가던 중 갑자기 유턴하는 택시로 인해 급정거하여 버스에 타고 있던 승객이 넘어져 상해를 입힐 경우, 버스에 탑승한 승객은 급제동이나 사고를 대비하여 항상 손잡이를 잘 잡고 몸의 균형을 유지하여야 함에도 이를 게을리한 잘못이 있고, 이와 같은 승객의 부주의는 이 사건 손해 확대의 한 원인이 되었다고 할 것이므로, 이를 참작하여 버스회사의 책임을 80%(승객 책임은 20%)로 제한한다.

울산지방법원 2017. 6. 14. 선고
2016가단26531 판결 〈손해배상(자)〉

버스 운전자인 '백두'는 사고 발생 당시 비가 내려 버스 바닥에 물기가 있어 승객이 미끄러져 넘어질 우려가 있으므로, 버스정류장에 버스를 완전히 정차한 다음 출입문을 열어 버스승객이 넘어져 부상을 당하지 않도록 안전하게 운전할 「주의의무」가 있음에 이를 게을리하여 운전한 과실이 있으나, 승객 역시 버스 바닥이 미끄러운 상태에서 버스가 완전히 정차하기 전에 손잡이에서 손을 떼고 움직이다가 사고를 당한 잘못이 있으므로, 이를 참작하여 버스회사의 책임을 50%(승객 책임은 50%)로 제한한다.

CHAPTER 8

자동
세차기
사고

잠시 저를 믿고 손과 발을 떼세요!

'한라'는 10년 전 경기불황으로 그동안 지속해오던 사업을 정리하고 서울 강북구에서 주유소를 개업하였다. 처음 개업할 때 사업에 대한 불안감이 컸던 만큼, 직원이나 아르바이트생을 따로 구하지 않고 가족들과 함께 직접 주유소를 경영하며 안정된 운영에 힘써왔다.

"여보! 얘들아! 당분간은 사람 쓰지 말고, 우리가 몸으로 고생 좀 하자!"

10년간 주유소 운영에 힘썼던 '한라'는 처음 우려와는 달리 주유소가 안정적으로 운영되기 시작하자, 조금은 마음을 놓고 좀 더 많은 고객들을 유치하기 위해 차량 자동세차기를 설치하였다. 그리고 그동안 밤낮없이 고생해오던 가족들을 대신할 인력으로 아르바이트생 '태백'을 고용하였다.

"이쯤이면 되겠지? 이제 일선에 좀 물러나자."

아르바이트생을 고용하며 일선에서 한 걸음 물러나 또 다른 사업을 알아보던 '한라'는 자신이 주유소를 비울 상황 등을 대비해 사무실동 건물은 물론 자동세차기 입구 주변을 포함하여 이곳저곳에 CCTV를 설치하기도 하였다.

'한라'는 새로 구입한 자동세차기의 서비스를 오픈하기 전 아르바이트생인 '태백'에게 자동세차기의 작동 요령 등을 교육시킨 후, 주변을 살피던 중 무언가 부자연스러운 느낌이 들었지만 딱히 그 이유를 찾을 수가 없었다.

"'태백'아! 뭔가 좀 이상한데, 뭐가 이상한 거지?"

"사장님, 세차 「요령 및 주의」 안내 표지판이 자동세차기 입구 오른쪽에 붙어 있는데, 운전석 쪽에서 잘 보일까요? 그리고 글씨도 좀 작아 보이는데요?"

"아~! 어쩐지 뭐가 좀 부자연스럽더라, 어~! '태백'아, 세차 손님 들어온다! 일단 손님 보내고 나서 손보던가 하자!"

그렇다. '태백'의 말처럼 자동세차기 입구 오른쪽에는 「운전자 주의 사항 ↘ ① 차량을 정위치로 진입시켜 주십시오. ② 사이드 브레이크를 당겨 주십시오. ③ 변속기를 P(파킹)로 설정해 주십시오. ④ 세차 중 차량을 절대 조작하지 마십시오!」라는 안내 문구가 붙어 있었지만, 글씨체까지 작아 운전석에 앉아 있는 사람 입장에서는 오른쪽 표지판 내용이 잘 확인될지 애매해 보였다.

그리고 이러한 안내 표지판에 대해 손쓰기도 전에, 주유를 끝낸 '백두'가 세차를 위해 자동세차기로 진입하고 있었고, '백두'의 차량 뒤 유리창에는 초보운전임을 알리는 스티커가 부착되어 있었다.

「초보운전! 화내지 마세용!」

'백두'의 차량이 진입하자 '태백'은 고압분사기로 '백두' 차량의 먼지를 말끔히 씻어내고 있었고 '백두'는 고압분사기의 물이 차량 안으로 튈까 봐 차량의 창문을 닫아두었다. 그리고 고압분사를 끝낸 '태백'은 '백두'의 차량을 자동세차기 입구로 유도하며 "파킹하세요! 아저씨! 브레이크에 발 대지 마시고요!"라고 말한 후 자동세차기를 작동한 후 다음 손님의 주유를 위해 세차장을 벗어났다.

자동세차기의 컨베이어 롤러(벨트 체인)에 '백두' 차량의 왼쪽 앞바퀴가 맞물리자, 차량이 자동세차기 안으로 진입하기 시작하였는데, 이때 '백두'는 차량 브레이크를 밟고 변속기를 「P(파킹)가 아닌 N(중립)」으로 설정해두고 있었다.

자동세차기 안으로 완전히 진입하여 세차 브러시가 내려올 때쯤 갑자기 '백두'의 차량이 앞뒤로 흔들리기 시작하였고 쿵쾅!거리는 굉음에 놀라 달려온 '태백'은 자동세차기 안에 끼어 있는 '백두'의 차량을 발견하였다. 그리고 다급히 자동세차기를 수동으로 중지시킨 후, 파손된 자동세차기를 허망하게 바라보며 사장인 '한라'를 불렀다.

"어떻게 된 거예요. 아저씨?! 왜 브레이크를 밟으셨어요? 기어는 또 중립(N)으로 되어 있네? 파킹(P)하라는 말 못 들었어요?"

발갛게 상기된 얼굴로 '백두'에게 항의하던 '한라'는 '백두'에게 자동세차기가 입은 손해에 대하여 설명하면서 자동세차기의 수리비와 영업손실에 대한 배상을 요구한다.

"아니, 사장님. 무슨 소리 하십니까? 사장님! 언제 기어 파킹(P)하라고 말씀하셨는데요? 그리고 기계 안에서 차 안 움직였습니다! 자기 멋대로 튕겨 나간 거라고요!"

'백두'는 세차 중에 자신이 차를 움직인 적도 없었다며, 오히려 자신의 차 수리비를 변상하라며 '한라'에게 큰소리를 친 후 다시 찾아오겠다며 급히 주유소를 벗어난다.

"야! '태백'아! 우리 CCTV 전부 돌려봐라!"

'백두'가 떠나자 '한라'와 '태백'은 자동세차기에 주변에 설치된 CCTV를 꼼꼼하게 확인해 보았는데,

「'백두'의 차량이 자동세차기에 진입하기 전 '태백'이 창문으로 다가와 운전석을 향해 말을 거는 모습과 차량이 세차장 안으로 진입한 후 격하게 흔들리기 시작하자 차량 후미 브레이크등이 들어오며 차량이 일단 정지하였으며, 그 후 앞뒤로 움직이면서 후미 브레이크등은 켜졌다 꺼진 후 다시 앞으로 움직이는 모습」이 고스란히 담겨 있었다.

결국, '한라'는 '백두'를 상대로 「손해배상청구」 소송을 접수한다.

QUESTION

1. 자동세차기 안에서 발생한 사고, 누구에게 책임이 있을까요?
2. 손해배상의 과실범위는 어떻게 될까요?
3. '한라'는 「파손된 자동세차기 수리비, 세차수입손실액, 유류수입손실액」을 손해배상청구 하였는데, 모두 배상받을 수 있을까요?

ANSWER

1. 자동세차기 안에서 발생한 사고, 누구에게 책임이 있을까요?

'백두'와 '한라'는 자동세차기 안에서 벌어진 차량 이탈로 인하여 둘 다 큰 손해를 입게 되었습니다. 위 사례의 경우, 자동세차기 사고의 손해와 과실을 산정하기 위해서는, 운전자에게는 어떠한 「주의의무」가 존재하고 그러한 「주의의무」에 대하여 소홀함은 없었는지를 살펴보아야 합니다.

「차량 운전자」는 차량이 자동세차기 안으로 진입한 후 컨베이어 롤러(벨트 체인)에 타이어가 물리면 세차안내원의 지시에 따르거나, 안내 표지판의 내용을 확인하여 자동세차기 사용 규정에 맞추어, 차량의 변속기를 주차상태(P)로 놓거나 중립상태(N)로 변경하여야 하고, 세차안내원의 지시에 따라 사이드 브레이크를 당겨 세차 중에 차량이 움직이지 않도록 할 「주의의무」가 존재합니다.

CCTV 영상 속 내용을 살펴보면, '백두' 차량의 변속기는 「P(파킹)가 아닌 N(중립)」상태에 놓여 있었기 때문에 컨베이어 롤러(벨트 체인) 작동으로 차량이 뒤로 밀리게 되자 '백두'는 브레이크를 밟은 것으로 보여집니다. 그리고 세차안내원이었던 '태백'은 '백두'에게 「파킹하세요! 브레이크를 밟지 마세요!」라는 안내(CCTV 영상 확인)가 이루어졌음이 추정되고, 입구 오른쪽 안내 표지판에도 「② 사이드 브레이크를 당겨 주십시오. ③ 변속기를 P(파킹)로 설정해 주십시오.」라는 내용이 기재되어 있는 점을 볼 때, 차량 변속기를 N(중립)으로 설정한 것은 '백두'의 잘못이라 할 것입니다.

또한 그 이후 차량의 브레이크 등이 점멸을 반복하다 차량이 앞으로 나아간 정황으로 볼 때, '백두'가 변속기를 주행상태로 변경하고 가속페달을 밟은 것으로 추정되므로 이 사건 사고는 원칙적으로

'백두'의 잘못에서 발생되었다고 할 것이므로 '백두'는 '한라'에게 손해를 배상할 책임이 있습니다.

2. 손해배상의 과실범위는 어떻게 될까요?

앞서 본 바와 같이 자동세차기 안에서 발생한 사고 책임은 원칙적으로 '한라'에게 있습니다. 그러나 자동세차기 사용에 있어「주의의무」는 운전자 외에도「주유소업자」에게도 존재합니다.

즉,「주유소업자」는 손님들이 자동세차기를 안전하게 이용할 수 있도록 차량 운전자에게 주의 사항을 명확히 고지하고, 자동세차기 작동 사항을 통제하여야 할「주의의무」가 필요한 것입니다.

세차장에 설치된 자동세차기는 종류에 따라서 차량의 변속기를 P(파킹) 또는 N(중립)으로 두도록 되어 있습니다. 따라서 운전자의 입장에서는 명확한 안내를 받지 못하면, 변속기의 상태를 P(파킹)으로 두어야 할지 N(중립)으로 두어야 할지에 대한 판단을 내리지 못할 위험이 있습니다.

'백두'는 '태백'이 고압분사기를 들고 오자 자신의 차량 내 물 튀김을 방지하기 위해 창문을 닫아두었기 때문에 '태백'의 안내를 제대로 인지하지 못하였을 가능성이 존재합니다. 또한 자동세차기 이용과 관련한 안전표지판이 운전석 방향인 정면 또는 왼쪽이 아닌, 오른쪽(조수석 방향)에 부착되어 있었고, 안내 문구 역시 작은 글씨체로 되어 있었기 때문에, '백두'가 자동세차기를 이용함에 있어 주의 사항을 제대로 확인하지 못했을 가능성이 존재합니다.

또한 '태백'은 자신의 설명에 따라 '백두'가 변속기를 P(파킹)로 조작하였는지 확인하지 않은 채 자동세차기를 작동시키자마자 곧바로 다음 손님의 주유를 위해 현장을 이탈하였습니다. 뿐만 아니라 사고 직후 신속히 조치를 취하지 못한 과실이 존재하기 때문에 '한라'의 자동세차기 사고의 발생 및 손해의 확대에 영향을 미쳤다고 할 수 있습니다.

결국, 위 사례의 모티브가 된 판례에서는, 사고 발생의 책임은 원칙적으로 '백두'에게 있지만, '태백'의 고용주인 '한라'도 「주의의무」를 위반하였으므로 「'백두'의 과실을 70%, '한라'의 과실을 30%」로 선고를 하였습니다.

3. '한라'는 「파손된 자동세차기 수리비, 세차수입손실액, 유류수입손실액」을 손해배상청구 하였는데, 모두 배상받을 수 있을까요?

'한라'의 손해배상범위 중 「파손된 자동세차기의 수리비와 세차수입 감소분」은 자동세차기의 손해와 인과관계가 명확하기 때문에 손해배상의 범위 안에 포함될 수 있습니다. 그러나 「유류수입손실액」은 주유소 영업의 특성상 유류판매가 주 사업 내용에 해당하고 자동세차기 영업은 부가적인 서비스에 해당하므로, 자동세차기 파손이 유류판매 수입 감소에 직접적인 영향을 끼쳤다 단정할 수 없습니다. 따라서 「유류수입손실액」은 손해배상의 범위 안에 포함되지 않았습니다.

POWER PRECEDENT

인천지방법원 2018. 4. 30. 선고 2017가소52159 판결 〈손해배상(기)〉,
대구지방법원 2013. 6. 14. 선고 2012가단39100 판결 〈손해배상(기)〉,
광주지방법원 2017. 9. 8. 선고 2017나51470 판결 〈손해배상(기)〉

MOTIVE가 된 판례

인천지방법원 2018. 4. 30. 선고
2017가소52159 선고 판결 〈손해배상(기)〉

이 사건 사고는 자동세차기 작동 중 차량이 움직이는 일이 없도록 기어를 파킹상태로 두거나 세차기에 표시된 대로 사이드 브레이크를 작동하지 아니한 '백두'의 과실로 인하여 발생하였다 할 것이므로 '백두'는 '한라'에게 손해를 배상할 책임이 있다.

그러나, 세차장에 설치된 자동세차기의 종류에 따라 대상 차량의 기어를 파킹 또는 중립으로 두도록 예정하고 있어 차량 운전자로서는 이를 혼동할 여지가 있으므로 자동세차기를 작동, 운용하는 '한라'로서는 '백두'가 혼동하는 일이 없도록 고객에게 기어를 파킹상태로 두도록 분명히 고지하면서 '백두'가 이를 제대로 인식하고 파킹상태로 두는지 여부를 확인할 의무가 있음에도 이를 소홀히 하였고 '백두'의 차량이 세차 중 움직여 자동세차기의 작동이 중지된 후에도 고장 여부를 확인하지 아니하고 다시 수동으로 자동세차기를 작동시켜 파손을 확대한 과실이 있다 할 것이므로 '백두'의 책임을 50%로 인정한다.

세차직원인 '태백'이 변속기의 조작에 대해 설명할 당시 이 사건 승용차의 창문이 닫혀 있었던 것으로 보이고(운전자는 고압분사기를 이용한 세차 시 창문을 닫은 것으로 보인다), 이 때문에 '백두'가 충분히 설명을 듣지 못한 것으로 보이는 점, 자동세차기의 안내 표지판은 그리 크지 않고, 세차기에 진입하는 차량의 조수석 쪽에 부착되어 있어 운전자가 이를 확인하기 어려운 점, '태백'은 '백두'가 설명에 따라 변속기를 조작하였는지 확인하지 않은 채 이 사건 자동세차기를 작동시키고 현장을 이탈하여 사고 직후 신속히 조치를 취하지 못한 점 등을 종합할 때, 위와 같은 '한라'('태백') 과실이 이 사건 사고의 발생 및 손해의 확대에 영향을 미쳤다고 할 것이므로 '백두'의 책임을 70%로 인정한다.

CHAPTER 9

목욕탕
사고

걸음걸이는 사뿐사뿐~

　'한라'는 한 달에 한 번 친구들과 산행을 다녀온 후 단골 목욕탕에 들러 사우나로 피로를 푸는 것이 오래된 삶의 즐거움 중 하나다.

　"이번 달은 어느 산으로 갈까?"

　"글쎄, 이번엔 설악산이나 가볼까?"

　월말이 다 되어가자 어김없이 '한라'는 친구들과 어느 산으로 산행할지 의논을 하던 중 단풍 시즌인 만큼 이번 산행은 설악산으로 결정한다.

　알록달록 설악산의 풍경은 가히 일품이었다. '한라'와 친구들은 천지가 붉게 물든 가을 설악산의 산행을 마친 후 '백두'가 운영하는 목욕탕을 찾는다.

"캬~ 오랜만에 살맛 나네! 돈 버는 재미가 아주 쏠쏠하구먼!"

'백두'는 설악산 인근 마을에서 10년 차 사우나를 운영하고 있는 목욕탕 주인인데 요즘 들어 목욕탕 관리에 정신은 없지만 손님들이 많아 즐거운 비명을 지른다. 해마다 싸늘한 가을바람이 부는 시기와 맞물려 단풍이 붉게 물들어가는 산행 시즌이 되면, 산행을 즐기고 사우나를 방문하는 손님들이 부쩍 늘어 매상이 2배로 껑충 뛸 것으로 예상되기 때문이다.

성수기를 맞이하여 매일같이 청소관리원을 따로 고용하여 하루 두 번씩 꾸준히 목욕탕 내 바닥을 청소하며 목욕탕 관리에 여념이 없는 '백두'는, 특히 이번 가을 · 겨울 시즌에 대한 기대감이 크다. 그 이유는 이번에 작심하고 온탕에 수중 안마기를 설치하였는데, 이 소식을 듣고 더 많은 손님들이 방문해올 것 같은 기대감이 부풀어 올라 있었기 때문이다.

물론 기대만큼 안전사고에 대한 우려도 컸기에, 온탕 주변에 「미끄럼 주의」라고 표시된 안내 표지판을 새로 설치하는 것도 잊지 않고 꼼꼼히 살피며 손님들을 맞을 준비를 했다.

드디어 '백두'의 목욕탕에 들어선 '한라'와 친구들. 모두 가벼운 샤워를 마치고 온탕에 들어가 몸을 담그며 산행으로 지친 심신을 달래기 시작한다. 그러던 중 '한라'는 평소와 마찬가지로 콧노래를 부르며 온탕 안을 걷기 시작했다. 사실 '한라'가 설악산을 올 때마다

'백두'의 목욕탕을 즐겨 찾는 이유 중 하나는 온탕 바닥에 깔린 다양한 크기의 맥반석 조각을 발로 밟으며 느끼는 지압의 상쾌함이 맘에 들었기 때문이기도 하다.

"어라? 수중 안마기가 새로 생겼네?! 사장님 요새 좀 버는가 봐?"

그렇게 온탕을 걷던 '한라'. '백두'가 새로 설치한 수중 안마기를 발견하고 수중 안마를 받아보기 위해 바닥에 부착된 스테인리스판에 발을 딛는다.

산행의 피로와 온탕의 온기로 인해 나른함이 더해져 다리에 힘이 풀렸던 걸까? '한라'는 스테인리스판에 발을 딛자마자 순간 균형을 잃었고, 이로 인해 옆으로 넘어지면서 온탕을 둘러싸고 있던 손잡이용 난간에 머리를 부딪히는 사고를 당한다.

"아이고, 나 죽네!"

이 사고로 '한라'는 인근 병원에서 수술을 하고 수일간 입원하고 있지만, 무슨 일인지 자신의 가게에서 사고가 났는데도 관심조차 기울이지 않는 '백두'가 괘씸하단 생각이 든다.

"하~! '백두'사장 너무하네? 이 인간을 어떻게 하지?"

며칠간 고민을 한 끝에 '한라'는 '백두'에게 먼저 전화를 하게 된다.

"저, 저기요. 사장님. 목욕탕 바닥이 미끄러워 제가 넘어져 머리를 다쳤는데, 전화 한 통 없으시고 너무하신 거 아니에요? 저 병원비는 안 주실 건가요?!"

"허허, 이 양반. 무슨 소리를 하십니까?! 나는 온탕 주변에 「미끄럼 주의」 안내 표지판도 붙여놓아 미끄럼 사고를 예방하였고, 당신 사고가 일어난 직후 병원으로 후송도 해주어 내 잘못은 하나도 없는데, 내가 당신 병원비를 왜 줘요! 앞으로 전화하지 마세요!"

결국, '한라'는 '백두'를 상대로 「손해배상청구」 소송을 접수한다.

QUESTION

1. 목욕탕을 이용하던 중 바닥이 미끄러워 넘어진 '한라', 과연 '백두'에게는 배상 책임이 있을까요?
2. '한라'의 소송은 어떻게 되었을까요?

ANSWER

1. 목욕탕을 이용하던 중 바닥이 미끄러워 넘어진 '한라', 과연 '백두'에게는 배상 책임이 있을까요?

위 사례의 경우, '한라'의 낙상사고에 대한 주요 쟁점은 「사고의 예측 가능성」이라고 볼 수 있습니다. 목욕탕 내 온탕의 바닥에 설치된 지압용 맥반석과 수중 안마를 위해 물줄기를 쏘아 올리는 스테인리스판(**목욕탕 바닥도 마찬가지겠죠!**)은 그 재질의 성질상 물에 젖은 상태에서는 상당히 미끄럽기 때문에, 이용하는 자가 미끄러지는 사고가 일어날 수 있음을 예상할 수 있습니다.

즉, '백두'는 10년간의 목욕탕 운영 경력을 바탕으로 목욕탕 실내에 미끄러운 바닥에 의하여 이용자가 낙상사고가 발생할 수 있음을 충분히 예상할 수 있습니다. 그러므로 이와 같이 이용자의 미끄럼 사고를 방지하기 위하여 마찰력이 높은 미끄럼 방지시설을 별도로 부착하거나 요철이 있는 종류로 바닥 면의 재질을 바꾸어 미끄럼 사고를 방지할 의무가 있으나, 이를 게을리하여 '한라'의 사고가 발생하였음을 짐작할 수 있습니다.

그리고 '백두'의 변명처럼 「미끄럼 주의」 안내 표지판을 설치하고, 온탕 내에 설치된 수중 안마기의 재질인 스테인리스가 관련 행정법규상의 시설 기준에 위배되지 않고 통상의 목욕탕에 쓰이는 재질이라 하더라도, '백두'의 과실로 인한 사고 책임을 면할 수는 없으므로 '백두'는 '한라'의 낙상사고에 대한 손해를 배상할 책임이 있습니다.

2. '한라'의 소송은 어떻게 되었을까요?

앞서 언급한 바와 같이 '한라'는 '백두'를 상대로 손해배상청구를 할 수 있고, '백두'는 '한라'에게 손해를 배상할 책임이 있습니다. 그러나 여기서 한 가지 더 고민해야 할 사항이 존재합니다.

아시겠죠? 또, '한라'의 「주의의무」가 등장합니다.

즉, '한라'는 목욕탕을 이용하면서 맥반석이나 스테인리스판으로 이루어진 온탕 안의 바닥이 미끄러운 것을 충분히 인지할 수 있었습니다. 그럴 경우 '한라'에게는 스스로 미끄러지는 안전사고가 발생할 수 있다는 것을 예상하고 사고를 입지 않게 목욕탕에서 이동할 경우 신중을 기울여야 하는 「주의의무」가 요구됩니다.

결국, 사고에 대한 아무런 경계를 기울이지 않고 온탕 안을 활보하다 스스로 넘어진 '한라'에게도 과실이 충분히 있음을 인정할 수 있고, 이러한 '한라'의 과실은 안전조치를 취한 '백두'의 과실보다 더 크다고 볼 수 있습니다. 위 사례의 모티브가 된 판례에서는 「'한라'의 책임을 70%, '백두'의 책임을 30%」로 선고를 하였습니다.

POWER PRECEDENT

서울중앙지방법원 2009. 11. 17. 선고 2009나22265 판결 〈손해배상(기)〉, 대구지방법원 2013. 8. 29. 선고 2013나4904 판결 〈손해배상(기)〉, 수원지방법원 2010. 5. 25. 선고 2009나20915 판결 〈구상금〉

MOTIVE가 된 판례

서울중앙지방법원 2009. 11. 17. 선고
2009나22265 판결 〈손해배상(기)〉

공중목욕탕의 온탕 바닥을 미끄러운 재질로 설치하고도 마찰력이 높은 미끄럼 방지시설을 별도로 부착하거나 요철이 있는 종류로 바닥 면의 재질을 바꾸어 미끄럼 사고를 방지하려는 조치를 취하지 않고, 온탕 주위에 '미끄럼 주의'라고 표시된 안내판을 설치한 것 등만으로는 사고 방지 노력을 다하였다고 볼 수 없으므로 목욕탕업자인 '백두'는 고객의 낙상사고로 인한 손해를 배상할 책임이 있다.

그러나 이용객인 '한라'로서는 온탕 안의 바닥이 미끄러운 것을 인지할 수 있었고, 이에 따라 스스로 미끄러지는 사고를 입지 아니하게끔 신중하게 이동하는 등 주의를 기울이지 아니하다가 이 사건 사고를 당하게 된 사실을 인정할 수 있는바, 이러한 사정을 참작하여 '백두'의 책임을 30%로 봄이 상당하다.

대구지방법원 2013. 8. 29. 선고
2013나4904 판결 〈손해배상(기)〉

'백두'는 대중목욕탕을 운영하는 사람으로서 손님이 물기가 있는 바닥에 미끄러져 다치지 않도록 깔판을 설치하거나 장판을 되도록 미끄럽지 않은 것으로 설치하고 수시로 바닥의 물기를 닦아 바닥에 있는 물기로 인하여 손님이 미끄러져 다치는 일이 없도록 할 주의의무가 있음에도 불구하고 이러한 주의의무를 소홀히 하여 이용객인 '한라'로 하여금 물기가 있는 장판 바닥에 미끄러져 상해를 입게 하였으므로, '백두'는 손해를 배상할 책임이 있다.

그러나 '한라'에게도 목욕탕에서 탈의실로 나오는 바닥에는 손님들 몸에서 떨어진 물기가 남아 있을 수 있고 자신의 몸에도 물기가 남아 있을 수 있으므로 미끄러지지 않도록 조심하여 걷는 등으로 자신의 안전을 도모하였어야 함에도 그러하지 아니하여 이 사건 사고에 이르게 된 잘못이 있고, 이러한 잘못도 사고 발생의 한 원인이 되었으므로 '백두'가 배상할 손해액을 정함이 있어 이를 참작하기로 하되 그 비율은 사고의 발생 경위 등에 비추어 '백두'의 책임을 30%로 봄이 상당하다.

의정부지방법원 2009. 8. 11. 선고
2008가단38554 판결 〈손해배상(기)〉

이 사건 사고가 발생한 사우나시설 출입구 부근은, 그 이용객들이 출입하는 과정에서 흐르는 물기 등에 의해 바닥이 미끄러워질 가능성이 있는 곳이므로, 시설의 관리자인 피고로서는 고객들이 그곳을 지나다가 넘어지는 등의 사고를 방지하기 위한 조치를 취할 주의의무가 있음에도 불구하고 이를 게을리한 잘못이 있다고 할 것이므로, 목욕탕업자인 '백두'는 이용객인 '한라'가 이 사건 사고로 인하여 입은 손해를 배상할 책임이 있다.

한편, '백두'는 '한라'가 '백두' 운영의 스포츠센터의 회원등록신청을 할 당시 '회원의 고의 또는 과실로 인한 부상 등의 경우에는 스포츠센터가 책임지지 않는다'라는 내용의 회원약관에 동의한 바 있으므로 '백두'에게 손해배상 책임이 없다는 주장을 하나, 위 약관의 내용은 '한라'에게 고의·과실이 있는 경우에는 '백두'가 그의 과실 유무와 관계없이 무조건 책임을 면한다는 내용으로 해석할 수 없다고 할 것이므로(만약, 그렇게 해석된다면 이는 약관의 규제 등에 관한 법률에 반하여 무효라고 할 것이다), '백두'의 주장은 이유 없다.

그러나 '한라'로서도 사고 발생 장소 부근이 미끄러울 수 있다는 점을 생각하고 그곳을 지나갈 때 넘어지는 일이 없도록 조심하여야 할 「주의의무」가 있음에도 불구하고 이를 게을리한 잘못이 있고, 이러한 '한라'의 과실은 이 사건 사고 발생의 한 요인이 되었다고 할 것이므로 이를 참작하여 '백두'의 책임을 80%로 봄이 상당하다.

⊙ 수원지방법원 2010. 5. 25. 선고
2009나20915 판결 〈손해배상(기)〉

'백두'는 이 사건 목욕탕의 관리자로서 목욕탕 이용객들이 목욕탕에서 탈의실로 이동할 때 미끄러지는 일이 없도록 계단의 물기를 제거하고 손잡이를 설치하는 등 적절한 안전조치를 취할 의무가 있음에도 이를 게을리한 과실로 이 사건 사고를 일으켰다 할 것이므로, 이용객인 '한라'가 입은 손해를 배상할 책임이 있다.

그러나 ① '백두'는 이 사건 목욕탕의 출입문 앞에 큰 수건을 깔아두어 이용객이 미끄러지는 것을 방지하려고 한 점, ② 이 사건 목욕탕의 계단이 장판이나 대리석 등에 비하여 거친 재질로 보이는 점, ③ '한라'는 이 사건 목욕탕을 수차례 이용한 적이 있었던 점 등을 비롯하여 이 사건 변론에 나타난 제반 사정에 비추어보면, '한라'는 계단을 내려갈 때 바닥을 잘 살펴 미끄러지는 일이 없도록 신중하게 이동하는 등 주의하였어야 함에도 이를 게을리한 잘못이 있는바, 이러한 '한라'의 과실은 이 사건 사고로 인한 손해 발생 및 확대의 한 원인이 되었다 할 것이다.

따라서, '백두'가 배상할 손해의 액수를 정함에 있어 이를 참작하기로 하되, 그 비율은 위 사고 경위 등의 사실관계에 비추어 전체의 '백두'의 책임을 50%로 봄이 상당하다.

CHAPTER 10

스키장 사고

너 자신(레벨)을 알라!

2019년 추운 겨울. '백두'는 드디어 끝난 「경찰직 공무원 시험」에서 예상보다 높은 점수를 받아 기분이 좋다.

치열하고 고독한 수험생활을 마친 '백두'는 드디어 수험생활에서 벗어난 자유가 너무나 달콤하다. 공무원 입시학원이 밀집된 서울 노량진의 한 경찰입시학원에 등록한 후 매일 같이 학원 - 독서실 - 집만을 반복해왔던 터라 새로운 일상에 활력을 불어넣고 싶어 친한 친구들과 함께 스키장을 찾아간다.

평소 스키장을 다녀봤던 친구들과 달리 난생처음 스키장에 와본 '백두'는 스키 장비를 다루는 것부터 모든 게 어색하고 낯설었다. 하지만 스키장으로 가는 길에 부지런히 유튜브 영상을 시청하며 미리 이미지 트레이닝을 하였기에, 따로 전문 강사의 강습을 받지 않고 바로 「초급자 슬로프」로 향했다.

"'백두'야! 처음 타는 건데, 그래도 강사 한 명 붙여서 연습하는 게 좋지 않겠냐?"

"얼씨구~! 자기들은 귀찮다고 봐주지 않으면서 잔소리는…. 야! 강습료가 얼마인데?! 그 돈이면 저녁에 고기나 사 먹겠다! 내가 알아서 할게! 걱정 마!"

처음 초급자 코스를 내려오면서 수차례 넘어지기를 반복하며 조마조마하게 스키를 탔지만 처음 경험해보는 스키는 '백두'가 기대했던 것 이상으로 짜릿하고 흥미로웠다. 평소 운동신경이 좋았던 '백두'는 초급자 코스를 홀로 반복하며 내려올 때마다 요령이 숙달되면서 넘어지는 횟수가 줄어들기 시작한다.

초급자 코스에서 3시간에 걸쳐 5회 정도 슬로프를 타고 내려오며 자신감이 생긴 '백두'는 드디어 한 번도 넘어지지 않고 코스 하강에 성공한다. 상당한 자신감이 붙게 된 '백두'는 친구들과 어울릴 생각으로 「중급자 슬로프」로 이동하였다.

"야! '백두'야! 초보자 주제에 벌써 여기로 넘어오면 어떡하냐?!"

중급자 슬로프 대기 줄에서 '백두'를 발견한 친구들은 '백두'에게 핀잔을 주지만, '백두'는 아랑곳하지 않고 중급자 코스에서 스키를 탈 생각으로 마음이 들떠 있다.

그러나 예상과는 달리 훨씬 가파른 중급자 코스에 '백두'는 당혹스러웠지만, 자세를 다잡으며 중급자 코스 하단으로 빠르게 하강해 내려갔다.

'백두'가 중급자 코스 하단으로 도착할 무렵, 스키 경력 3년 차의 '한라'는 중급자 코스를 다 내려와 슬로프 인근에서 잠시 휴식을 취하기 위해 스키를 정지한 후 스키와 안전장비를 벗어두고 서 있었다.

정신없이 코스를 내려오던 '백두'는 자신의 진행 코스인 「중급자 슬로프 끝자락」에 서 있던 '한라'를 갑자기 발견하였다.

"어어어엇! 아가씨 뭐야! 비키세요! 비켜! 나 못 멈춰~!"

정지 내지 회전을 하거나 안전하게 넘어지는 등의 기본 회피 요령이 없었던 '백두'는 스키를 멈춰 세우지 못한 채 그대로 '한라'를 들이받고 만다.

"아니, 위험하게 왜 슬로프 인근에서 얼쩡거리고 있어! 죽을래?!"

"미친 거 아냐?! 자기가 들이받아 놓고 사과 한마디도 안 하고 어디서 성질이야 성질은! 아이고~ 죽겠다!!"

충돌 직후, 먼저 정신을 차린 '백두'는 '한라'를 향해 심한 욕설과 함께 미안하다는 말 한마디 없이 절뚝거리며 자리를 떠나 버렸고,

'백두'와의 충돌로 허리와 목에 견디기 힘든 통증을 느낀 '한라'는 몸도 제대로 가누지 못하던 중 안전요원의 도움을 받고 나서야 겨우 병원으로 갈 수 있었다.

결국, '한라'는 '백두'를 상대로 「고소」와 함께 「손해배상청구」소송을 접수한다.

QUESTION

1. 스키장에서 발생한 안전사고가 형사상 문제가 될 수 있을까요?
2. '한라'가 제기한 손해배상청구 소송은 어떻게 되었을까요?

ANSWER

1. 스키장에서 발생한 안전사고가 형사상 문제가 될 수 있을까요?

스키장에서 발생하는 충돌사고의 경우, 상대방을 해칠 목적으로 고의로 사고를 일으키는 것이 아니라, 안전상 주의의무를 게을리하여 발생하는 사고가 대부분일 것입니다.

위 사례의 경우, '백두'와 '한라' 사이 발생한 사고에 대하여 고소장를 접수한 '한라'의 행동은 정당할까요? 이에 대하여는 다음의 형법 규정을 통하여 확인할 수 있습니다.

형법

제266조(과실치상)
과실로 인하여 사람의 신체를 상해에 이르게 한 자는 500만 원 이하
의 벌금, 구류 또는 과료에 처한다.

제267조(과실치사)
과실로 인하여 사람을 사망에 이르게 한 자는 2년 이하의 금고 또는
700만 원 이하의 벌금에 처한다.

즉, 우리 「형법 제266조와 제267조」에서는 과실로 인하여 사람에게 상해를 입히거나 사망에 이르게 한 경우 처벌하는 규정을 두고 있습니다. 법률상 「과실」이라 함은 「부주의」로 인하여 발생하게 되는 일을 의미합니다.

결국, '백두'는 스키장을 처음 방문한 초급자임에도 불구하고, 3시간 가량 스키를 탄 후 충분한 휴식 없이 바로 중급자 코스를 이용하다 사고를 발생시킨 과실이 존재하므로 형법상 「과실치상죄」로 처벌될 것입니다.

2. '한라'가 제기한 손해배상청구 소송은 어떻게 되었을까요?

스키장은 그 특성상 충돌사고 발생의 위험이 많은 곳입니다. 그러므로 스키장을 이용하는 사람들은 다음과 같은 「주의의무」가 존재한다는 사실을 반드시 기억하셔야 됩니다.

스키어 주의의무

① 엉덩이보호대 등의 보호 장구를 착용할 것.
② 처음 방문하는 스키장의 경우 사전에 스키 코스의 특성을 숙지할 것.
③ 자신의 실력에 맞는 슬로프를 이용할 것.
④ 적절한 시간적 간격을 두고 충분한 휴식을 취하는 등으로 피곤한 상태에서 스키를 타지 말 것.
⑤ 활주 시 과속은 삼가고 안전거리를 유지하며 앞과 좌우를 살필 것.
⑥ 안전하게 넘어지는 법을 숙지할 것.

'백두'는 스키장을 처음 방문한 초급자임에도 불구하고, 3시간가량 스키를 탄 후 충분한 휴식 없이 바로 중급자 코스를 이용하다 사고를 발생시켰고, 나아가 위와 같이 스키어로서의 「주의의무」를 다하지 않았습니다.

한편, 우리 민법에서는 「불법행위에 대한 손해배상」 규정을 두고 있습니다. 법률상 「불법행위」라 함은 「고의 또는 과실로 인한 위법행위로 타인에게 손해를 입히는 행위」를 의미하며 아래와 같이 「민법 제750조」 규정에 따라 손해를 배상할 책임이 있습니다.

민법

제750조(불법행위의 내용)
고의 또는 과실로 인한 위법행위로 타인에게 손해를 가한 자는 그 손해를 배상할 책임이 있다.

결국, '한라' 역시도 비록 중급자 슬로프 끝자락에 서 있었지만, 안전지대가 아닌 장소에서 혹시 모를 사고에 대한 주의를 기울이지 않은 채 정지하여 있었습니다. 또한, 보호 장구 역시 해체하여 버렸기에 스키장에서 요구하는 「주의의무」를 위반하였습니다.

따라서 이러한 '한라'의 「주의의무」 위반은 '한라'의 사고 및 그로 인한 손해 확대의 원인이 되었으므로 '백두'의 손해배상 책임은 일정 부분 제한(축소)될 것입니다.

수원지방법원 성남지원 2010. 10. 1. 선고 2009가단22289 판결 〈손해배상(기)〉, 서울고등법원 1993. 7. 21. 선고 92나34898 판결 〈손해배상(기)〉, 서울중앙지방법원 2013. 11. 26. 선고 2013가단97210 판결 〈손해배상(기)〉, 대전지방법원 2017. 1. 18. 선고 2015가단208594 판결 〈손해배상(기)〉, 전주지방법원 2007. 5. 31. 선고 2006나9680 판결 〈손해배상(기)〉, 대구지방법원 2005. 11. 30. 선고 2005가단11418 〈손해배상(기)〉

MOTIVE가 된 판례

수원지방법원 성남지원 2010. 10. 1. 선고
2009가단22289 판결 〈손해배상(기)〉

'백두'는 스키를 타는 경우 수준에 맞는 슬로프를 이용하고 활강시 전방좌우를 제대로 잘 살피며 적절한 방향전환 및 제동을 통하여 다른 사람들과의 충돌을 방지할 주의의무가 있음에도 이를 게을리한 과실로 이 사건 사고를 일으켰으므로, 이 사건 사고의 피해자인 '한라'에게 손해를 배상할 책임이 있다.

서울고등법원 1993. 7. 21. 선고
92나34898 판결 〈손해배상(기)〉

초급자인 '백두'가 중급자용 코스에서 스키를 타다가 코스를 이탈하여 11미터 떨어져 있는 나무에 부딪혀 사망한 데 대하여, 위 사고는 전적으로 '백두'의 과실에 의한 것으로서 스키장을 소유, 운영하는 회사에게는 그 시설물의 설치 내지 보존에 있어서 요구되는 「주의의무」 또는 「이용자에 대한 안전배려의무 위반」으로 인한 손해배상 책임이 없다.

서울중앙지방법원 2013. 11. 26. 선고
2013가단97210판결 〈손해배상(기)〉

스키장은 그 특성상 충돌사고 발생의 위험이 상존하는 곳이므로, 스키장에서 스키를 타는 사람들에는, '엉덩이보호대 등의 보호 장구를 착용할 것' '처음 방문하는 스키장의 경우 사전에 스키 코스의 특성을 숙지할 것' '자신의 실력에 맞는 슬로프를 이용할 것' '적절한 시간적 간격을 두고 충분한 휴식을 취하는 등으로 피곤한 상태에서 스키를 타지 말 것' '활주 시 과속을 삼가고 안전거리를 유지하며 앞과 좌우를 잘 살필 것' '안전하게 넘어지는 법을 익힐 것' 등의 「주의의무」가 요구된다고 할 것이다.

이 사건에 관하여 보건대, '백두'는 스키 초급자로서 이 사건 스키장은 처음 방문하는 곳이고, 게다가 이미 3~5시간가량 이 사건 스키장 중 블루스 슬로프에서 스키를 타서 휴식을 취할 필요가 있었던 것으로 보이는 상황임에도 불구하고 다시 심야에 위 블루스 슬로프보다 난이도가 높은 이 사건 슬로프에서 처음으로 스키를 타면서 내려오다가 '한라'를 뒤늦게 발견한 후 제동 또는 회전을 하거나 스스로 안전하게 넘어지는 등의 조치를 전혀 취하지 않은 채 그대로 진행하는 과실을 범하여 이 사건 사고를 일으킨 것으로 봄이 상당하므로, '백두'는 「민법 제750조」 규정에 따라 '한라'가 이 사건 사고로 입은 손해를 배상할 책임이 있다.

그러나 '한라' 역시 이 사건 사고 당시 하단의 리프트 근처에 있었다고는 하나 혹시라도 모를 충돌사고에 대비하여 주위를 잘 살필 주의의무가 있음에도 불구하고 정지한 채로 이 사건 슬로프의 하단 방향으로 서 있으면서 주위를 잘 살피지 않고, 보호 장구인 엉덩이보호대 또한 착용하지 아니한 과실을 범한 사실을 인정할 수 있고, '한라'의 이러한 과실은 이 사건 사고 발생 및 그로 인한 손해 확대의 한 원인이 된 것으로 봄이 상당하므로 '백두'의 손해배상 책임은 80%로 제한한다.

CHAPTER 11

구두
약속

오늘은 내가 한턱 쏜다!

'백두'는 중소기업 건설회사에서 대리로 근무하던 중 최근 재개발 지역 입찰경쟁에서 쟁쟁한 대기업 경쟁회사들을 제치고 입찰경쟁을 따내는 큰 성과를 올렸다.

몇 달간 야근을 반복한 고생 끝에 큰 성과를 올린 '백두'는 회사에서 지급되는 인센티브는 물론, 승진까지도 거론되는 분위기에 하루하루가 매우 즐거웠고 주변인들에 대한 태도도 매우 친절해졌다.

"요새 소문이 좋던데 이럴 때 한턱내야 되는 거 아니냐?!"

'백두'의 입사 동기이자 경쟁관계이면서도 친구인 '한라'는 퇴근 무렵 백두를 향해 무심한 듯 가볍게 한 마디를 툭 내뱉는다.

"물론이지. 오늘은 내가 한턱낼 테니 절대 도망가지 마라! 끝나고 보자고!"

봉급 외로 추가로 인센티브를 받게 될 '백두'는 기분도 기분이지만 무엇보다 경쟁자인 '한라'에게 자신의 성과를 자랑하고 싶어 '한라'의 한턱 제안을 흔쾌히 받아들이고, 퇴근 후 두 사람은 회사 근처에 위치하고 있는 유명한 참치집으로 향하였다.

실컷 기분을 낼 마음으로 참치집에 도착한 '백두'의 어깨는 이미 한껏 치켜올려져 있었다.

"오늘 같은 날 비싼 메뉴 한번 시켜보자."

한껏 기분을 냄과 동시에 '한라'의 기를 죽이고 싶었던 '백두'는 1인당 6만 원 상당의 스페셜 코스요리와 1병당 4만 원 상당의 사케 2병을 주문한 후 '한라'와 함께 술자리를 즐기기 시작했지만, '한라'는 내심 기고만장해져 있는 '백두'의 말투가 썩 마음에 들지는 않는다.

얼마나 지났을까? '백두'는 사케 2병이 거의 비워져 있는 것을 보고 이쯤 자리를 정리해야겠다는 생각이 든다.

"'한라'야~ 맛있게 먹었냐? 다음에 내가 또 쏠게! 우리 맥주나 한잔 더하고 헤어질까?"

호프집으로 장소를 옮길 것을 제안하는 '백두'. 사실 '백두'의 속

마음은 이 자리에 더 있으면 예상했던 술값보다 더 많이 나올 것이 염려되어 조금이라도 빨리 자리를 옮기고 싶었던 것이다.

"야~ '백두'야. 오늘 네 덕에 비싼 안주에 난생처음 사케도 다 먹어보네~. 사케가 내 입에 딱이야. 몸도 피곤한데 장소 옮기지 말고 남은 안주에 여기서 사케 1병만 더 먹고 헤어지자~."

술이 얼큰하게 취했지만 '한라'의 대답은 단호하였다. 은근히 자기 자랑을 늘어놓으며 자신의 기를 죽이려 하는 '백두'에게 조금이라도 더 부담을 주고 싶었던 것이 한라의 속내였다.

다시금 이어지는 술자리. '백두'와 '한라' 두 사람의 각자 속마음은 서로 달랐지만 오랜만에 갖는 술자리이고, 경쟁자이기 전에 친구였기에 서로 덕담과 술 한 잔씩 기울이는 사이, 테이블 위에는 다른 종류의 사케 병들과 추가 안주들이 쌓여가고 있었다.

어느덧 기분 좋게 술자리를 마친 두 사람은 자리에서 일어나고, 한턱내기로 약속한 '백두'는 계산을 위해 비틀비틀 카운터로 다가갔다. 그런데 점원으로부터 계산서를 받아 든 '백두'는 술기운이 확 달아날 만큼 화들짝 놀란다.

마음먹고 한턱 쏘기로 결심했던 '백두'는 '200,000원 정도면 충분할 거야'라는 생각과는 달리 무려 700,000원의 술값이 계산서에 기재되어 있는 걸 목격하고 재차 정신을 가다듬고 자신들이 먹었던 술과 안주의 가격을 되짚어보았다. 몇 번을 다시 확인해보아도 정확하게 책정된 가격에 망연자실하게 되었다.

'백두'는 계산을 기다리는 가게점원 앞에서 언제까지고 민망하게 서 있을 수만은 없었던지라, 우선 자신의 체크카드로 술값을 계산하고 밖에서 기다리고 있던 '한라'에게 비에 젖은 강아지의 눈빛을 하며 말한다.

"'한라'야~. 생각보다 술값이 너무 많이 나와서 하는 말인데 1/N 해주라? 한턱은 다음에 다시 낼게. 350,000원을 내 계좌로 지금 입금해라."

"너 지금 무슨 소리야! 네가 한턱 쏘기로 해서 온 거잖아! 쪼잔하게 왜 그러냐?"

"뭐 소심?! 장난해?! 내가 자리 옮기자 했었잖아?"

"뭐? 임마?! 야. 이 참치집에서 계속 먹었으면 여기 술값은 네가 계산하는 것이 한턱 쏘는 거지! 장난해?!"

결국, '백두'와 '한라'는 술자리에서 화기애애했던 분위기는 온데간데없고 서로 멱살을 움켜쥐며 다툰 후 인사도 하지 않고 각자 집으로 헤어졌다.

"아, 이것 봐라. 기분이 정말 안 좋네. '한라' 감히 네가 나를 후려치려고 해?"

며칠간 빈정이 상해 있던 '백두'는 수차례 '한라'에게 술값을 분담해줄 것을 요청하였지만 '한라'는 들은척도 하지 않았고 결국, '한라'를 상대로 참치집에서 먹었던 술값(총 700,000원)의 1/N인 350,000원을 지급해달라며 「부당이득반환청구」 소송을 접수한다.

그리고 재판에서 '한라'는 '백두'가 한턱 쏘기로 했었으므로 '백두'가 술값 전액을 책임져야 한다며 억울함을 호소하자, 담당 재판부 판사님은 「임의조정」 결정을 하며 '백두'와 '한라' 사이의 원만한 합의를 이끌게 된다.

QUESTION

1. 법률상 '한턱'의 의미는 무엇일까요?
2. '백두'와 '한라', 두 사람의 술값은 어떻게 계산되어졌을까요?

ANSWER

1. 법률상 '한턱'의 의미는 무엇일까요?

더치페이(Dutch pay) 문화가 익숙한 외국인의 관점에서 본다면,

회식자리에서 술이 취한 채 서로 자신이 계산한다면서 신용카드를 내미는 한국인들의 모습은 매우 신기하고 독특한 모습이었을 것입니다. 최근 우리나라도 시대가 많이 변해서인지 더치페이 문화가 상당히 자리를 잡았습니다만, 여전히 「오늘은 내가 한턱낸다!」고 외치는 사람들의 모습은 술자리의 흔한 풍경인 듯합니다.

「한턱」의 사전적 의미는 '한바탕 남에게 음식을 대접하는 일'이라는 의미로 우리 국어사전에 명시되어 있습니다만, 위 담당 재판부 판사님은 「한턱」의 법률적 의미를 어떻게 해석했을까요? '백두'와 '한라'의 소송 분쟁을 원만한 합의로 진행된 「임의조정」 결정을 바탕으로 「한턱」의 법률적 의미를 살펴보고자 합니다.

위 「임의조정」 결정상 결정 이유를 살펴보면, 「한턱」의 의미는 「맨 처음 주문한 내역까지가 '한턱'이고 추가로 주문한 것은 '한턱'이 아니다」라고 하였습니다. 감이 오시는가요?

즉, 위 사례의 경우 「한턱」에 해당하는 계산범위는 '백두'가 참치집에서 맨 처음 주문했던 스페셜 코스요리 2인분(1인당 60,000원) 값인 120,000원과 사케 2병(1병당 40,000원) 값인 80,000원의 총합계금 200,000원이 「한턱」의 범위에 해당되는 것이었습니다.

2. '백두'와 '한라', 두 사람의 술값은 어떻게 계산되어졌을까요?

이와 같이 담당 재판부 판사는 '백두'가 '한라'를 위해 「한턱」냈던 계산범위는 처음 주문했던 200,000원까지로 정해졌으므로 나머지 잔액 500,000원(총 700,000원 중 200,000원은 '백두'가 「한턱」으로 인해 먼저 부담)은 한턱의 범위를 벗어나기 때문에 각자 1/N(각자 250,000원)로 부담하는 것이 어떻겠냐고 권유하였습니다.

　결국, '백두'와 '한라'는 판사의 권유를 받아들이고 '백두'는 450,000원(200,000원+250,000원)을, '한라'는 250,000원을 부담하기로 하는 원만한 조정이 성립되었습니다. 이로 인해 '백두'는 '한라'로부터 250,000원을 지급받을 수 있었는데, '백두'는 입사 동기인 '한라'와 감정을 풀기 위해 다시 「한턱」을 쏘겠다며 '한라'를 데리고 술집에 도착한 후 술과 안주를 포함하여 겨우 10,000원어치만 주문했었다는 전설 같은 소문이 회사에 돌고 있다고 한답니다.

　'백두'와 '한라'처럼 친구 사이 우정에 금이 가는 일이 발생하지 않도록 주의합시다!

POWER PRECEDENT

서울남부지방법원 1997. 임의조정 결정 〈부당이득금〉

잠깐! 알아두면
힘이 되는 법률 이야기!!

「임의조정(任意調停)」이란?

재판 분쟁과 관련하여 당사자가 원만히 합의를 이룰 수 있도록
판사가 개입하여 조정(당사자의 동의가 필요합니다)하는 결정제
도이며 판결과 같은 효력이 발생합니다.

유의할 점은, 임의조정 이후 이의신청을 할 수 없으므로 신중하
게 임의조정을 하셔야 합니다.

「강제조정(强制調停)」이란?

재판 분쟁과 관련하여 당사자가 원만히 합의를 이룰 수 있도록
판사가 개입하여 강제적으로 조정(당사자의 동의가 필요하지 않
습니다)하는 결정제도입니다.

유의할 점은, 각 당사자는 법원으로부터 강제조정 결정문을 수령
한 날로부터 「2주일 이내」에 '이의신청'을 할 수 있으며, 기간 내
에 이의신청을 하지 않을 경우 판결과 같은 효력이 발생합니다.

CHAPTER 12

부동산
거래

가계약의 함정!

6개월 뒤 결혼식을 앞둔 '백두'. 새신랑이 될 '백두'의 마음은 마냥 행복하지만은 않다. 바로 신혼집 걱정에 한숨만 늘기 때문이다. 하늘 높은 줄 모르고 치솟는 부동산 가격 때문에 집을 사는 것은 꿈도 못 꾸고, 전세를 구하기마저 쉽지만은 않기 때문이다.

적절한 월세라도 구해볼 요량으로 발품을 팔던 중 공인중개사 소장인 '한라'로부터 일반 매물보다 매매가가 1억 원이나 저렴한 '태백'의 집을 소개받는다. '백두'로서는 매우 매력적인 조건이긴 하지만, 대출금을 최대한 끌어모은다 하더라도 여전히 부담되는 가격이기에 섣불리 결정할 수가 없었다.

"저기요 선생님, 지금 계약하고 싶어 하는 사람들이 줄을 섰어요. 오늘 그냥 가시면 이 매물은 놓치십니다. 그 사람들보다 먼저 가계약금 500만 원이라도 입금해서 집을 묶어두세요."

우물쭈물하고 있는 '백두'의 모습이 답답했던 '한라'는 계속해서 '백두'를 다그치고, 이에 '백두'는 다른 사람에게 부동산을 소개하지 말고 묶어둘 것을 부탁하며 본 계약서는 10일 후 작성(**부동산매매 대금, 계약금 및 잔금날짜 및 금액 등 계약조건을 확정하여 고지받음**)하자면서 '한라'가 알려준 매물의 주인 '태백'의 계좌로 가계약금 500만 원을 송금하였다.

'백두'는 신부가 될 '소백'에게 이러한 가계약 사실을 알렸지만, '소백'의 반응은 상당히 시큰둥하다.

"아니 자기야, 자기도 그렇고 나도 출근해야 하는데, 우리 차도 없잖아? 여기는 멀어서 출근하기 너무 힘들어. 도대체 버스를 몇 번이나 갈아타야 되는 건데?!"

'소백'으로서는 아무리 시세보다 1억 원이나 저렴하다 해도 맞벌이를 해야 할 '백두'와 '소백'의 직장과 너무 떨어진 위치라 출퇴근이 너무 불편하기에 불만이 있을 수밖에 없었다.

신부가 될 '소백'의 의견이 너무나 중요했던 '백두'는 공인중개사 소장인 '한라'에 계약 포기 의사를 밝히고 가계약금 500만 원을 돌려달라고 요구하였지만, 다음 날 '태백'으로부터 가계약금을 반환해줄 수 없다는 청천벽력 같은 말을 듣게 된다.

결국, '백두'는 '태백'을 상대로 「부당이득반환청구」 소송을 접수한다.

1. 「가계약금」은 효력이 있을까요?
2. '백두'는 「가계약금」을 반환받을 수 있을까요?

ANSWER

1. 가계약금은 효력이 있을까요?

「가계약금」이란, 부동산매매계약('본계약'이라 할게요)에 있어서 매수인('백두')에게 우선하여 본계약을 체결할 수 있는 우선적 선택권을 부여하고 매도인('태백')은 이를 받아들이는 본질적인 의미가 있습니다.

이러한 「가계약금 약정」은 매도인보다 매수인을 위한 법적 장치이며 법률의 제한에 저촉되지 않는 한 계약자유의 원칙에 따라 계약의 효력이 인정되나, 이러한 「가계약금 약정」은 본계약이 성립되었음을 전제로 효력이 발생됩니다.

그리고 「가계약금」이 지급되면 매도인은 매수인의 본계약 체결 요구에 구속되므로 매수인 역시 본계약을 포기할 경우 「가계약금」도 포기하여야 합니다. 이러한 이유는 본계약이 성사되지 않을 경우 매수인의 가계약금 반환에 대한 약정이나 명시가 없었고, 매도인은 매수인에 의해 일방적인 계약 체결 요구권을 강요받기 때문에 이로 인해 발생되는 매도인의 법적 지위의 불안정성에 대한 보상이 필요하기 때문입니다.

한편, 본계약의 성립조건을 살펴보면, 본계약에 관한 가계약금 입금 당시 부동산매매목적물과 매매 대금 등이 특정되고 계약금, 잔금 등의 지급방법에 관한 합의가 있었다면 본계약은 성립하는 것입니다.

2. '백두'는 「가계약금」을 반환받을 수 있을까요?

위 사례의 경우, '백두'는 비록 본계약 체결을 스스로 거부하였으나, '태백'에게 「가계약금」 입금 당시 본계약에 관한 구체적인 합의 **(부동산매매 대금, 계약금 및 잔금날짜 및 금액 등 계약조건을 고지받았으므로 본계약은 성립되었습니다)**가 있었으므로, 「본계약이 체결되지 않으면 가계약금을 돌려받기로 한 약정」이 없었다면 '태백'으로부터 가계약금을 돌려받지 못할 것입니다.

그러나 '백두'가 「가계약금 지급 시 본계약이 체결되지 않으면 가계약금은 돌려받기로 한다」라는 내용의 「확인서(또는 문자메시지 등)」의 증거가 있었다면 '백두'는 '태백'으로부터 가계약금을 돌려받을 수 있었던 사례였습니다.

POWER PRECEDENT

대법원 2006. 11. 24. 선고 2005다39594 판결 〈소유권이전등기〉, 울산지방법원 2017. 6. 28. 선고 2017나20531 판결 〈가계약금 반환청구〉, 대구지방법원 서부지원 2018. 12. 11. 선고 2018가소21928 판결 〈가계약금 반환청구〉

MOTIVE가 된 판례

대법원 2006. 11. 24. 선고
2005다39594 판결 〈소유권이전등기〉

계약이 성립하기 위하여는 당사자 사이에 의사의 합치가 있을 것이 요구되고 이러한 의사의 합치는 당해 계약의 내용을 이루는 모든 사항에 관하여 있어야 하는 것은 아니나 그 본질적 사항이나 중요 사항에 관하여는 구체적으로 의사의 합치가 있거나 적어도 장래 구체적으로 특정할 수 있는 기준과 방법 등에 관한 합의는 있어야 한다. 한편, 매매계약은 당사자 일방이 재산권을 상대방에게 이전할 것을 약정하고 상대방이 그 대금을 지급할 것을 약정하는 계약으로 매도인이 재산권을 이전하는 것과 매수인이 그 대가로서 금원을 지급하는 것에 관하여 쌍방 당사자의 합의가 이루어짐으로써 성립하는 것이다.

대법원 2015. 4. 23. 선고
2014다231378 판결 〈손해배상(기)〉

매도인 '태백'이 계약금 중 일부만 지급된 경우, 「지급받은 금원의 배액을 상환하고 매매계약을 해제할 수 있다」고 주장한 사안에서, 「실제 교부받은 계약금의 배액」만을 상환하여 매매계약을 해제할 수 있다면 이는, 당사자가 일정한 금액을 「계약금」으로 정한 의사에 반하게 될 뿐 아니라, 교부받은 금원이 소액일 경우에는 사실상 계약을 자유로이 해제할 수 있어 계약의 구속력이 약화되는 결과가 되어 부당하기 때문에, 계약금 일부만 지급된 경우 수령자가 매매계약을 해제할 수 있다고 하더라도 해약금의 기준이 되는 금원은 「실제 교부받은 계약금」이 아니라 「약정 계약금」이라고 봄이 타당하므로, 매도인이 계약금의 일부로서 지급받은 금원의 배액을 상환하는 것으로는 매매계약을 해제할 수 없고 「매매계약서 상 계약금의 배액」을 상환해야 한다.

울산지방법원 2017. 6. 28. 선고
2017나20531 판결 〈가계약금 반환청구〉

매수인 '백두'는 자신의 화훼농원을 이전하기 위하여 매수할 토지를 알아보던 중 공인중개사 사무소 직원으로부터 매도인 '태백' 소유의 C 토지를 추천받으면서 매매계약서 작성일, 잔금 지급방법 등 중요 부분에 관한 합의도 없이 위 직원의 요구에 따라 '태백'의 계좌로 가계약금 500만 원을 송금하였으나, '태백'과 '백두' 사이 부동산매매계약에 있어서 그 본질적 사항인 매매 대금에 관하여 구체적으로 의사의 합치가 있거나 장래 구체적으로 특정할 수 있는 기준과 방법 등에 관하여 합의가 없어 부동산매매계약이 성립되지 않았으므로 '태백'이 지급받은 가계약금은 부당이득이므로 '백두'에게 가계약금을 반환하라.

매수인 '백두'는 목적부동산에 관하여 매매 대금 2억 7,000만 원, 잔금 지급일 2018. 10. 중순, 계약금은 매매 대금의 10%, 가계약금은 300만 원이라는 매도인 '태백'의 제안을 받고, 2018. 4. 27. '태백'에게 가계약금 명분으로 300만 원을 송금하면서 '백두'는 일방적인 매매계약 체결 요구권을 가지는 대신 '백두'가 매매계약의 체결을 포기하는 경우 '백두'는 가계약금의 반환 역시 포기하여야 하는데, 이는 '태백'이 '백두'에게 일방적인 계약 체결 요구권을 부여함으로써 부담하는 법률적인 지위의 불안정성에 대한 보상의 의미를 가진다. '태백'이 매매계약의 체결을 거부하더라도 '백두'는 매매계약 체결권을 일방적으로 행사할 수 있으므로, 결국 '백두'의 의사에 따라 매매계약이 체결되고, 이때 정해진 계약금은 해약금의 성질을 가지므로, '태백'은 계약금의 배액을 상환하고 나서야 비로소 매매계약의 구속력에서 벗어날 수 있을 것이므로 '백두'는 '태백'과 본계약이 체결되지 않을 경우 가계약금을 반환하기로 하는 약정이 없는 이상 본계약의 체결을 스스로 거부한 '백두'는 가계약금의 반환을 청구할 수 없다.

CHAPTER 13

부양료 책임

아버지의 눈물…

오늘도 야근을 마치고 평소 즐겨 찾던 포장마차에 홀로 쓸쓸히 앉아 술 한잔 기울이는 '한라'. 30년을 넘게 가족을 위해 소처럼 일만 해온 '한라'는 지난 시간을 돌아보면 그저 허망하기만 할 뿐이다.

"아! 너무 힘들다…. 인생 참 지치고 허망하네…. 그놈의 돈! 돈! 돈! 나도 좀 내 인생을 살고 싶은데…. 에휴…. 내가 안 벌면 우리 집은 어떻게 될까? 고되다! 고되! 돌아가신 우리 아버지도 나를 이렇게 키우셨을까?"

약 30년 전, '한라'는 아내 '금강'과 결혼한 후 금쪽같은 아들 '백두'를 낳았다. 건강상의 문제로 더 이상 자녀를 가질 수 없게 된 '한라'와 아내 '금강'은 '백두'에 대한 애정만큼은 누구보다 각별하였다.

특히, '백두'를 향한 '금강'의 교육열에 대한 집착은 무서울 정도였다.

"우리 '백두'만큼은 도둑질을 해서라도 하고 싶은 거 다 시키면서 남부럽지 않게 키울 거야!"

무리를 해서라도 '백두'만큼은 잘 키워 보겠다며 입버릇처럼 이야기하던 '금강'은 '백두'가 5살이 되던 해에 '한라'에게 청천벽력 같은 이야기를 꺼낸다.

"'백두'아빠! 기러기 아빠라고 있는데, 당신 들어봤어?"

"아니, 처음 듣는데. 비둘기도 아니고 기러기 아빠가 뭐야?"

"부인과 아이는 외국으로 보내고 아버지는 혼자 한국에 살며 생활비 보내주고…. 암튼, 뭐 그런 사람을 기러기 아빠라고 하거든. 당신이 기러기 아빠가 되어 주었으면 좋겠어! 우리 '백두'를 위해서 말이야. 할 수 있지?!"

"갑자기?! 당신 진심으로 하는 말이야? 가족들이 떨어져서 살자고?!"

'금강'은 '백두'의 유학을 결정하면서 자신도 '백두'와 함께 미국에서 생활하기로 마음먹었던 것이다. '한라'는 그런 아내인 '금강'의 일방적이고 강압적인 통보에 당황하였지만, 하나뿐인 아들인 '백두'를 위한 일이기에 이내 '금강'의 의견에 수긍하고 기러기 아빠 생활을 시작한다.

"야! 내가 밥을 이렇게 잘 짓고, 빨래도 잘할 수 있다니!"

기러기 아빠 생활 15년 차, '한라'는 여느 주부들보다 가정살림을 더 잘할 만큼 세월이 흘렀다. 그렇게 '백두'가 대학에 입학할 때까지 15년간 고독과 싸우며 외로운 기러기 아빠 생활을 견뎌낸 '한라'다.

그러던 중 '한라'의 집으로 한 통의 우편이 도착한다. 바로 미국에 거주하고 있는 '백두'의 군 입대를 위한 입영통지서였고 하는 수 없이 '금강'과 '백두'는 국내로 귀국하여 드디어 세 식구가 다시 결합한다.

'한라'와 '금강' 그리고 '백두'. 서로 떨어져 지냈던 시간이 너무 길었던 탓인지, '한라'는 가족들과의 마음의 거리를 좀처럼 좁히지 못한다. 무엇보다 미국에서 생활했던 부인과 아들의 삶과 문화방식이 서로 달라도 너무 달라진 것이었다.

물론 '금강'과 '백두' 역시 그런 아버지인 '한라'가 어색하고 낯설 뿐이었다. 그러던 중 '백두'가 군대에 입대하고 '한라'와 '금강'은 생활방식의 차이를 좁히지 못한 채 갈등을 지속하던 중 별거생활에 들어간다.

"벌써 제대를 한다고!"

군대를 갔던 '백두'가 벌써 제대를 하게 되었다. 제대를 한 '백두'는 국내에 있는 대학교는 다닐 마음이 없다면서 또다시 미국 유학을 가고 싶다며 '한라'를 보챈다.

한평생을 가족과 떨어져 지낸 외롭고 고독한 생활에 이어 다시 만난 아내 '금강'과의 마찰로 지칠 대로 지친 '한라'는 '백두'의 유학을 단호히 반대한다. 외국에서 소모되는 '백두'의 학비가 큰 부담으로 다가왔음은 물론이고, 아들 '백두'와도 더는 떨어져 있고 싶지 않았기 때문이다.

"우리 아버지가 변했어! 어떻게 나한테 이럴 수 있지! 하나뿐인 아들인데 끝까지 책임져야 되는 거 아냐?!"

'백두'는 '한라'의 반대에도 불구하고 일방적으로 미국으로 출국한 후 또다시 유학생활을 시작하고 만다. 그제서야 '한라'는 그동안 가족들에게는 돈 버는 기계로만 전락해버린 자신의 모습이 비참해졌고, 그런 '한라'의 마음을 아는 듯 하늘에서는 하염없이 비만 쏟아졌다.

"나도 좀 살자! 내가 대학등록금과 생활비를 주나 봐라!"

괘씸한 '백두'의 언행에 화가 난 '한라'는 아들 '백두'의 대학등록금과 생활비를 지원하지 않기로 결심하고 2년이 흘러갔다. 그동안 자신의 인생을 되찾고자 노력했던 '한라'는 우편함을 확인하고 기겁을 하고 만다.

바로 별거를 하고 있는 '금강'과 유학생활을 하고 있는 '백두'로 부터 2년 동안의 대학등록금과 생활비로 약 1억 4천만 원의 부양료 청구를 내용으로 하는 법원에서의 소장을 받았기 때문이다.

"세상 말세다…. 인생 헛살았네…."

한평생을 가족에게 헌신했던 '한라'. 커다란 배신감을 느낀 '한라' 는 오늘 밤 포장마차에서 술 한잔 기울이며 사랑했었던 아내와 아들 과의 법적 투쟁을 결심한다.

QUESTION

1. '한라'는 별거 중이던 '금강'에게도 부양 의무가 있을까요?
2. 성년이 된 '백두'의 유학비용도 '한라'의 부양 의무에
   해당이 될까요?

ANSWER

1. '한라'는 별거 중이던 '금강'에게도 부양 의무가 있을까요?

결혼은 남녀가 하나의 가족으로 결합하는 사회적 계약입니다. 부 부가 사랑과 애정으로 결합하였다면, 서로가 아끼고 부양하는 것은 너무나도 당연한 일일 것입니다. 이처럼 부부가 서로를 부양해야 한

다는 것은 법률로써 규정되어 있다는 것을 아시나요? 우리 민법에서는 다음과 같이 부부간의 「부양 의무」를 규정하고 있습니다.

민법

제826조(부부간의 의무)
① 부부는 동거하며 서로 부양하고 협조하여야 한다. 그러나 정당한 이유로 일시적으로 동거하지 아니하는 경우에는 서로 인용하여야 한다.
② 부부의 동거장소는 부부의 협의에 따라 정한다. 그러나 협의가 이루어지지 아니하는 경우에는 당사자의 청구에 의하여 가정법원이 이를 정한다.

즉, 우리 「민법」에서는 「부부는 서로 동거함과 동시에 부양하고 협조할 것을 의무화」하고 있고 부부간의 갈등으로 인하여 별거를 하더라도, 두 사람의 관계는 여전히 부부관계이므로 원칙적으로 서로에 대한 부양 의무는 계속 이어지는 것입니다.

그러나 부양 의무의 책임 이행 여부에 대하여는 추가적인 법률규정을 확인해볼 필요가 있습니다.

민법

제975조(부양 의무와 생활능력)
부양의 의무는 부양을 받을 자가 자기의 자력 또는 근로에 의하여 생활을 유지할 수 없는 경우에 한하여 이를 이행할 책임이 있다.

「민법 제975조」에서는 「부양 의무와 생활능력」에 관하여 규정하고 있습니다. 즉, 부양을 받아야 하는 자가 자력에 의한 근로활동을 통해 생활을 유지할 수 없는 경우에 한하여 부양 의무 이행을 강제하고 있다는 점을 주목할 필요가 있습니다. 부부 중 일방이 병환을 앓고 있거나 장애가 있어 스스로 경제활동을 할 수 없는 경우 등의 사유가 발생될 경우에는 상대 배우자를 부양해야 할 의무가 있습니다. 만약 부양 의무를 이행하지 않을 경우 재판상 이혼의 중대한 사유에 해당하여 이혼소송을 청구할 수 있을 뿐만 아니라 부양료 청구의 대상이 되기도 합니다.

따라서 위 사례의 경우, '한라'는 별거 중인 '금강'의 부양 의무가 원칙적으로 발생되지만, '금강'의 나이, 건강상태, 경제적 상태 등을 종합적으로 고려하되 '금강'이 자력으로 경제활동을 할 수 있는지 없는지 여부가 중요한 판단 요소로 작용될 것입니다.

2. 성년이 된 '백두'의 유학비용도 '한라'의 부양 의무에 해당이 될까요?

앞에서 본 바와 같이 부부지간 사이에는 각각 부양 의무가 있음을 확인해 보았는데, 이러한 부양 의무는 부부관계를 넘어 친족에 관하여도 마찬가지입니다.

민법

974조(부양 의무) 다음 각호의 친족은 서로 부양의 의무가 있다.
1. 직계혈족 및 그 배우자 간
2. 삭제
3. 기타 친족 간(생계를 같이하는 경우에 한한다)

제975조(부양 의무와 생활능력)
부양의 의무는 부양을 받을 자가 자기의 자력 또는 근로에 의하여 생활을 유지할 수 없는 경우에 한하여 이를 이행할 책임이 있다.

즉, 「민법 제974조」에서는 배우자뿐만이 아니라 직계혈족에 대하여도 부양 의무를 규정하고 있습니다. 직계혈족에 대한 부양 의무는 부모가 자녀에 대한 의무이기도 하며, 자녀가 부모에게 갖는 부양 의무이기도 합니다.

그리고 이러한 직계혈족에 대한 부양 의무의 이행 여부는 「민법 제975조」의 규정에 따라 부양받을 자의 생활 자력 여부에 따라 결정됩니다. 특히, 미성년의 자녀라면 자녀의 생활과 교육을 위한 부모의 부양 의무는 당연하고도 성실하게 이행되어야 할 것입니다.

그러나 성인의 자녀는 어떨까요? 성인의 자녀는 객관적으로 보아 생활비 수요가 자기의 자력 또는 근로에 의하여 충당할 수 없는 곤궁한 상태인 경우에 한하여, 부모를 상대로 그 부모가 부양할 수 있을 한도 내에서 생활필요비에 해당하는 부양료를 청구할 수 있습니다. 나아가 이러한 부양료는 부양을 받을 자의 생활 정도와 부양의무자의 자력 기타 제반 사정을 참작하여 부양을 받을 자녀의 통상적인 생활에 필요한 비용의 범위로 한정되어야 함이 원칙입니다.

결국, 위 사례의 모티브가 된 판례에서는, '백두'는 아버지인 '한라'의 반대에도 불구하고 미국 유학을 추진하였으며 '백두'의 건강상태, 학력 등을 비추어보면 '백두'가 자력 또는 근로에 의하여 생활을 유지할 수 없는 경우에 해당되지 않으므로 특별한 사정이 없는 한 유학비용의 충당을 위하여 '백두'를 상대로 제기한 부양료 청구는 기각[*]되었습니다.

---

[*] 기각 : 「소송을 제기한 원고의 청구에 대해 패소 판결을 선고하는 것」을 말합니다.

대법원 2017. 8. 25. 선고 2017스5 결정 〈부양료〉, 대법원 2012. 12. 27. 선고 2011다96932 판결 〈구상금〉, 대법원 2013. 8. 30. 선고 2013스96 결정 〈부양료〉, 대구가정법원 2016. 7. 5. 선고 2016느단931 심판 〈부양료〉, 부산가정법원 2018. 12. 19. 선고 2018느단2210 심판 〈부양료〉, 부산가정법원 2019. 1. 10. 선고 2018느단200880 심판 〈부양료〉

MOTIVE가 된 판례

대법원 2017. 8. 25. 선고
2017스5 결정 〈부양료〉

「민법 제826조 제1항」에서 규정하는 미성년 자녀의 양육·교육 등을 포함한 부부간 상호부양의무는 혼인관계의 본질적 의무로서 부양을 받을 자의 생활을 부양의무자의 생활과 같은 정도로 보장하여 부부공동생활의 유지를 가능하게 하는 것을 내용으로 하는 제1차 부양 의무이고, 반면 부모가 성년의 자녀에 대하여 직계혈족으로서 민법 제974조 제1호, 제975조에 따라 부담하는 부양의무는 부양의무자가 자기의 사회적 지위에 상응하는 생활을 하면서 생활에 여유가 있음을 전제로 하여 부양을 받을 자가 자력 또는 근로에 의하여 생활을 유지할 수 없는 경우에 한하여 그의 생활을 지원하는 것을 내용으로 하는 제2차 부양 의무이다.

따라서 성년의 자녀는 요·부양상태, 즉 객관적으로 보아 생활비 수요가 자기의 자력 또는 근로에 의하여 충당할 수 없는 곤궁한 상태인 경우에 한하여, 부모를 상대로 그 부모가 부양할 수 있을 한도 내에서 생활부조로서 생활필요비에 해당하는 부양료를 청구할 수 있을 뿐이다.

제1차 부양의무자와 제2차 부양의무자가 동시에 존재하는 경우에 제1차 부양의무자는 특별한 사정이 없는 한 제2차 부양의무자에 우선하여 부양 의무를 부담하므로, 제2차 부양의무자가 부양받을 자를 부양한 경우에는 소요된 비용을 제1차 부양의무자에 대하여 상환청구할 수 있다.

부부간의 부양 의무 중 과거의 부양료에 관하여는 특별한 사정이 없는 한 부양을 받을 사람이 부양의무자에게 부양 의무의 이행을 청구하였음에도 불구하고 부양의무자가 부양 의무를 이행하지 아니함으로써 이행 지체에 빠진 후의 것에 관하여만 부양료의 지급을 청구할 수 있다. 그리고 부부 사이의 부양료 액수는 당사자 쌍방의 재산상태와 수입액, 생활 정도 및 경제적 능력, 사회적 지위 등에 따라 부양이 필요한 정도, 그에 따른 부양 의무의 이행 정도, 혼인생활 파탄의 경위와 정도 등을 종합적으로 고려하여 판단하여야 한다.

부모와 성년의 자녀·그 배우자 사이의 경우에도 이와 마찬가지로 과거의 부양료에 관하여는 부양 의무의 성질이나 형평의 관념상 이를 허용해야 할 특별한 사정이 있는 경우에 한하여 이행청구

이전의 과거 부양료를 청구할 수 있다.

그리고 「민법 제775조 제2항」에 의하면 부부의 일방이 사망한
경우에 혼인으로 인하여 발생한 그 직계혈족과 생존한 상대방 사
이의 인척관계는 일단 그대로 유지되다가 상대방이 재혼한 때에
비로소 종료하게 되어 있으므로 부부의 일방이 사망하여도 그 부
모 등 직계혈족과 생존한 상대방 사이의 친족관계는 그대로 유지
되나, 그들 사이의 관계는 「민법 제974조 제1호」의 「직계혈족 및
그 배우자 간」에 해당한다고 볼 수 없다.

배우자 관계는 혼인의 성립에 의하여 발생하여 당사자 일방의
사망, 혼인의 무효·취소, 이혼으로 인하여 소멸하는 것이므로, 그
부모의 직계혈족인 부부 일방이 사망함으로써 그와 생존한 상대
방 사이의 배우자 관계가 소멸하였기 때문이다. 따라서 부부 일방
의 부모 등 그 직계혈족과 상대방 사이에서는, 직계혈족이 생존해
있다면 민법 제974조 제1호에 의하여 생계를 같이하는지와 관계
없이 부양 의무가 인정되지만, 직계혈족이 사망하면 생존한 상대
방이 재혼하지 않았더라도 「민법 제974조 제3호」에 의하여 생계
를 같이하는 경우에 한하여 부양 의무가 인정된다.

대구가정법원 2016. 7. 5. 선고
2016느단931 심판 〈부양료〉

부모와 성년의 자녀 사이에 「민법 제974조 제1호, 제975조」에 따

라 부담하는 부양 의무는 부양의무자가 자기의 사회적 지위에 상응하는 생활을 하면서 생활에 여유가 있음을 전제로 하여 부양을 받을 자가 자력 또는 근로에 의하여 생활을 유지할 수 없는 경우에 한하여 그의 생활을 지원하는 것을 내용으로 하는 제2차 부양의무인바(대법원 2013. 8. 30.자 2013스96 결정 등 참조), 앞서 본 인정 사실에 비추어보면, 청구인이 자력 또는 근로에 의하여 생활을 유지할 수 없는 경우에 해당한다고 보이지 않으므로, 이 사건 청구는 받아들이지 않는다.

부산가정법원 2018. 12. 19. 선고
2018느단2210 심판 〈부양료〉

현재 80세의 고령인 청구인은 특별한 재산도 없고 큰아들이 보내주는 돈과 노령연금 외에는 추가적인 소득을 얻기도 어려울 것으로 보이므로, 청구인의 자력 또는 근로에 의하여 생활을 유지할 수 없을 것으로 봄이 상당하다. 따라서 다른 자녀인 상대방들은 「민법 제974조 제1호, 제975조」에 따라 청구인에게 부양 의무를 부담한다.

그런데 부모와 성년의 자녀 사이에 「민법 제974조 제1호, 제975조」에 따라 부담하는 부양 의무는 부양의무자가 자기의 사회적 지위에 상응하는 생활을 하면서 생활에 여유가 있음을 전제로 부양을 받을 자가 자력 또는 근로에 의하여 생활을 유지할 수 없는 경우에 한하여 그의 생활을 지원하는 것을 내용으로 하는 제2차 부양 의무인바(대법원 2013. 8. 30.자 2013스96 결정, 대법원 2017. 8. 25.자 2017스5 결정 등 참조), 이러한 법리에 비추어 이 사건에 관하여 보건대, 청구인의 나이, 상대방들의 나이와 소득수준, 청구인의 가족관계, 청구인과 상대방들의 각 재산상태 등을 고려하면, 청구인이 사망할 때까지 상대방들이 부담할 부양료는 각 월 20만 원으로 정함이 상당하다.

CHAPTER 14

대여금
증거

계좌이체의 마술!

최근 젊은 직장인들 사이에서는 주식과 부동산에 더불어 코인이 새로운 투자종목으로 급부상하고 있다. 새롭게 등장한 신흥시장인 만큼 규제나 제한도 명확하지 않았기에, 적은 금액을 투자해 제법 큰 수익을 올릴 수 있다는 분위기가 조성되어 있었다. '한라' 역시도 이러한 코인 투자에 열중하고 있었다.

한편, 같은 회사에 근무 중이던 '백두'는 '한라'와는 달리 주식에 열중하고 있다.

"내 주식은 또 떨어졌네. 짜증 난다. 짜증 나!"

직장생활을 하며 상사의 눈치를 보던 '백두'는 쉬는 시간을 이용해 컴퓨터 모니터로 자신이 산 주식종목을 보고 있다. 일 년 전 케이블방송에 출연한 주식 전문가의 종목 소개를 듣고 그다음 날 곧바로 주식을 매수했지만 그 주식값은 시일이 지날수록 계속해서 한없이 떨어지고 있었다.

"과장님! 표정이 왜 안 좋으세요?"

옆에서 지켜보던 '한라'가 조심스레 말을 건다. '백두'는 심란한 상황에서 말을 거는 '한라'의 질문에 짜증이 나고 대답하기 싫었지만, 부하직원에게까지 그러한 감정을 표출하기 싫었다.

"으응. 아니, 별일 없어. 어제 야근을 해서 그런지 몸이 피곤해서 그런가 봐!"

"에이, 아니신 것 같은데요. 저 금방 과장님 주식 확인하시는 거 다 봤는데요! 파란색인 거 보니 떨어졌던데요!"

마치 깐족거리듯 자신을 놀리는 것 같은 '한라'의 말투에 화가 난 '백두'. 울컥하는 마음에 '한라'에게 한마디 쏘아붙이려 하지만 눈치 없던 '한라'는 계속해서 말을 이어간다.

"과장님도 주식 말고, 코인 투자 해보세요. 요즘 세대들은 주식보단 코인이죠!"

"응? 코인? 코인이 뭔데?"

'백두'는 새로운 투자 상품이 있다는 '한라'의 말에 귀를 바짝 세운다. '한라'는 코인이 어떤 것인지 설명하고, 자신은 코인에 50만 원을 투자해서 이틀 만에 100만 원의 수익을 벌었다는 사실을 자랑하며, '백두'에게도 주식에 목매어 있지 말고 코인에 투자할 것을 권유한다. 그러나 계속된 주식투자 실패로 '백두'의 통장잔고는 거의 바닥이라 새롭게 코인시장에 진입할 여력이 없었다.

"'한라'야! 사실 말이야. 나도 네 말 듣고 나니 코인에 투자하고 싶은데…. 지금 자금 사정이 좀 그렇다…. 100만 원만 빌려줄 수 있니? 한 달 후 갚아줄게!"

코인에 투자하고 싶었던 '백두'는 비에 젖은 강아지 같은 눈망울로 '한라'에게 100만 원을 빌려줄 것을 요청하였고, 상사에게 실컷 자랑을 떠벌려놓고 도와주지 않으면 자신의 입장이 곤란해질 것 같았던 '한라'는 마지못해 자신의 스마트폰에 설치된 폰뱅킹을 통하여 '백두'의 통장으로 100만 원을 송금한다.

"과장님, 방금 100만 원 송금했습니다."

"응, 고맙다! 한라야! 나도 수익 나면 꼭 술 한번 제대로 사줄게!"

'한라'로부터 100만 원을 빌려 코인에 투자했던 '백두'. 그러나 코인마저도 주식처럼 '백두'를 배신하였고 투자했던 100만 원은 10원이 되어버렸다. 뒤로 넘어져도 코가 깨질 것 같은 한심한 '백두'다.

"'한라'의 말을 믿고 코인에 투자한 내가 바보지! 그런데 '한라'의 돈은 어떻게 갚지? 일단 모른척하고 지내야겠다."

'백두'는 '한라'로부터 빌린 100만 원을 한 달 안에 갚는다고 장담했었지만, 약속을 지키지 않았고 '한라' 역시 직장상사였던 '백두'에게 돈을 갚아달라는 말을 쉽게 하지 못하였다. 그러던 중 '한라'는 다른 회사로 옮기게 되면서 '백두'에게 빌렸던 100만 원을 갚아달라고 한다.

어렵사리 백두에게 돈을 갚아달라며 말한 '한라'는 다음과 같은 '백두'의 말에 기가 찰 만큼 당황하고 만다.

"네가 나를 도와주고 싶다고 그냥 준 돈 아니었니?"

결국, '한라'는 '백두'를 상대로「대여금 청구」소송을 접수한다.

QUESTION

1. '한라'는 대여금 청구소송에서 승소할 수 있을까요?
2. 돈을 빌려줄 때는 어떻게 해야 될까요?
3. 채권자가 대여금 청구소송에서 승소하는 방법은 무엇일까요?

ANSWER

1. '한라'는 대여금 청구소송에서 승소할 수 있을까요?

전국 각 법원에서는 대여금 청구소송이 제일 많은 분쟁 유형의 사건입니다.

그런데 돈을 빌려준 채권자(돈을 빌려간 사람은 '채무자'라고 합니다)는 소송에서 그 증거로 「계좌이체내역」이 존재함에도 불구하고 재판에서 패소할 수 있다는 사실을 명심하여야 합니다.

분명 소송을 제기했던 채권자는 변호사사무실로부터 "「계좌이체내역」만 있으면 무조건 승소할 수 있어요!"라는 상담을 받은 후 자신 있게 소송을 제기했었지만 패소했다며 푸념을 늘어놓습니다. 그러나 분명 패소 위험부담이 많았던 사건이었음은 틀림없었습니다.

즉, 채권자는 채무자 사이에 금전의 수수가 있다는 사실에 관하여 다툼이 없다고 하더라도 이를 대여하였다는 채권자의 주장에 대하여 채무자가 다투는 때에는 그 대여사실에 대하여 이를 주장하는 채권자(소송에서는 「원고」라 합니다)에게 입증할 책임이 있습니다.

위 사례의 경우, 채권자인 '한라'는 '백두'에게 송금한 100만 원에 대한 「계좌이체내역」만 존재할 뿐 이러한 '백두'에게 지급한 100만 원의 성질, 즉 '백두'에게 100만 원을 「빌려준 것인지, 무상(공짜)으로 그냥 준 것인지(전문용어로 「증여」라고 합니다), 그것도 아니면 투자한 것인지」중「빌려준 것인지」에 대하여 반드시 입증하여야 합니다. 한편, 위 재판에서 '백두'는「내가 코인을 하고 싶어도 돈이 없어 안 하겠다고 하니, '한라'가 무상으로 100만 원을 증여해주었다」고 변명하였습니다.

결국, 위 사례의 모티브가 된 판례에서는, '한라'가 제출하고 있는 「계좌이체내역」만으로는 '한라'가 '백두'에게 금전을 대여하였다는 사실을 인정할만한 증거가 부족하여 '백두'에게 지급한 100만 원이 「빌려준 것인지」를 입증하지 못하여 '한라'는 패소하게 되었습니다.

2. 돈을 빌려줄 때 어떻게 해야 될까요?

첫째, 반드시「차용증」을 작성하여야 합니다!

둘째,「차용증」작성과 동시에 채무자의 재산(**부동산 등**)에 대하여 담보(**근저당권설정**)를 잡아두고, 차후 재판을 하지 않기 위해 미리 집행력 있는 공정증서(**판결문과 같은 효력**)를 작성해두어야 합니다!

마지막으로, 평소 휴대폰 문자메시지 또는 카카오톡 메시지 등을 통하여「돈을 빌려간 사실, 언제까지 갚기로 한 사실, 돈을 빨리 갚으라는 사실 등」의 대화 내용을 수시로 확보해두어야 합니다!

3. 채권자가 대여금 청구소송에서 승소하는 방법은 무엇일까요?

채권자가 채무자를 상대로 대여금 청구소송을 제기하여 승소하기 위해서는 반드시 ① 채무자에게 금전을 교부하고 채무자가 반환할 것을 약속한 사실(ex-차용증, 문자메시지, 통화녹음 등), ② 채무자에게 금전을 교부한 사실(ex-폰뱅킹상 계좌이체내역 화면, 무통장입금증, 송금내역서 등), ③ 이자와 변제기를 약정한 사실(ex-이자 「무이자」로 약정해도 무방, 변제기는 「채권자의 변제 요청 시 언제든지 변제하기로 한다」라고 약정해도 무방), ④ 채무자는 변제기가 지났음에도 불구하고 변제하고 있지 않은 사실(ex-문자메시지, 통화녹음 등)을 주장 및 증거자료를 반드시 제출하여야 합니다.

왜냐하면, 돈을 빌린 채무자는 「나는 빌리지 않았다. 투자비나 수고비로 받았다. 그냥 생활비로 받았다(무상증여) 등」으로 항변할 경우나 특히, 채권자가 채무자에게 현금으로 빌려줄 경우 「아예 돈을 받은 적도 없다」고 항변하며 얼굴에 철판을 깔고 버티기 전략을 들어가는 것을 미연에 방지하여야 하기 때문입니다.

따라서 채권자가 채무자에게 돈을 빌려준 후 변제받지 못한다면, 즉시 대여금 청구소송을 진행할 것이 아니라, 반드시 위에서 언급한 ①~④항의 증거자료를 확보한 후 소송을 진행하시면 좋은 결과가 있을 것입니다.

POWER PRECEDENT

대법원 2015. 9. 15. 선고 2013다73179 판결 〈대여금〉, 대법원 2014. 7. 10. 선고 2014다26187 판결 〈대여금〉

MOTIVE가 된 판례

대법원 2015. 9. 15. 선고 2013다73179 판결 〈대여금〉
대법원 2014. 7. 10. 선고 2014다26187 판결 〈대여금〉

당사자 사이에 금전의 수수가 있다는 사실에 관하여 다툼이 없다고 하더라도 이를 대여하였다는 '한라'의 주장에 대하여 '백두'가 다투는 때에는 그 대여사실에 대하여 이를 주장하는 '한라'에게 입증책임이 있다.

CHAPTER 15

합의서 효력

울고 싶은 합의서의 외침!

   '백두'는 최근 심각한 사회적 문제를 일으키고 있는 불법 스포츠 도박 중독자이다. 모든 재산을 탕진해서 정신은 못 차릴망정, 온갖 대출은 물론 가족들과 친인척에게 손을 벌려 돈을 빌리는 것도 모자라 간 크게도 회사 자금까지 끌어다 도박 자금으로 계속 탕진한다. 인생의 총체적 난국에 빠진 '백두'였다.

   "한 번만 배팅에 성공하면 이 모든 손해를 만회할 수 있다!"

   허황되고 황당한 신념에 사로잡혀 생활하는 '백두'는 어떤 방법으로든 도박 자금을 마련할 요량으로 학창 시절 친구인 '태백'과의 술자리를 마련한다.

   "야! 얼마 만이냐? 엄청 보고 싶었는데 사는 게 바빠 연락도 못 했네?!"

학창 시절부터 착하고 순진했던 '태백'에게 접근해 돈을 빌려볼 생각으로 저녁식사 자리를 마련한 '백두'가 먼저 말을 건넨다. '백두'는 '태백'의 경계심을 풀 요량으로 본격적으로 돈을 빌려달라는 이야기를 꺼내기 전 '태백'과의 학창 시절 이야기들을 주제로 반가운 추억을 회상하며 이야기를 이어간다.

  한참 이야기가 무르익을 때쯤 '백두'는 '태백'으로부터 학창 시절 또 다른 친구였던 '한라'가 회사를 그만두고 지급받은 퇴직금으로 커피숍 가게를 알아보고 있다는 뜻밖의 소식을 듣게 된다.

  "오호~, 이것 봐라? 확실한 자금줄이 굴러 들어오겠는데?"

  '백두'의 마음속은 흥분으로 날뛰고 있었다. 그동안 연락을 하고 지내던 '태백'의 경우, 전 재산을 도박으로 탕진했다는 '백두'의 행실을 소문으로라도 한 번쯤은 들어봤을 법하기에 그동안 연락이 끊겨 있던 '한라'가 오히려 조금 더 손쉬운 먹잇감으로 느껴졌기 때문이다.

  그리고 '한라'가, 아니 '한라'의 퇴직금이 자신에게 주어진 인생의 마지막 기회라 생각하며 '한라'를 이용하여 도박 자금을 마련하기로 굳게 결심하는 '백두'였다.

  한편, '한라'는 대기업에서 퇴사한 후 지급받은 퇴직금으로 평소 꿈이었던 자신만의 안정된 가게인 커피숍을 차릴 마음으로 매일같이 새로운 기분으로 들떠 있었지만, 상가 매물을 고르는 것이 여간 어렵고 복잡하기만 하다.

이곳저곳 부동산을 돌며 정보를 수집하던 '한라'는 사람들이 많이 지나다니는 좋은 자리의 빈 상가를 발견하고 부동산 임대차 계약을 하고 싶었다. 하지만 퇴직금을 훨씬 웃도는 권리금에 그 자리를 포기해야 하는 상황이 '한라'로서는 무척 아쉽기만 하였다.

그런데, 사실 '백두'는 며칠 전부터 이러한 '한라'를 몰래 쫓아다니며 동향을 살피고 있었고, '지금이 기회다'라고 여기며 '한라'에게 다가가 마수를 뻗치기 시작한다.

"야! 너 '한라' 아니니?! 나 '백두'야 임마! 여기서 만나다니! 정말 반갑다야!"

'백두'는 처음 해본 솜씨가 아닌 듯 '한라'에게 부드럽게 다가가 날카롭게 악마의 마수를 뻗치기 시작한다. 그리고 '한라'의 현재 상황을 처음 듣는 것처럼 '한라'의 토로를 진심으로 걱정하듯 받아주며, 자연스레 '한라'의 퇴직금이자 커피숍을 운영할 자본금 55,000,000원이 있다는 정보를 확인한다. 반드시 이 금액을 수중에 넣겠다고 다시 한번 마음을 다잡는 '백두'였다.

"'한라'야! 다른 곳에 나랑 정말 친한 형님의 빈 상가가 있는데 거기도 한번 가볼래? 그쪽은 보증금이나 권리금을 맞출 수 있을 거야. 내가 중간에서 다리를 잘 놔줄게!"

'백두'는 '한라'의 퇴직금에 맞춰 어떻게 해서든 절친 형님에게 권리금과 보증금을 모두 낮춰 주겠다며 적극적으로 '한라'를 설득하며 퇴직금을 자신에게 맡기라고 종용한다.

'한라'로서는 비록 오랜만에 만났지만 학창 시절 친했던 사이인 '백두'가 믿음직스러워 보였고 하루빨리 상가를 계약하고 싶었기 때문에 별다른 경계심 없이 덜컥 자신의 퇴직금 전액 55,000,000원을 맡기고 만다.

도박에 눈이 멀었던 '백두'는 일말의 망설임 없이 '한라'로부터 55,000,000원을 받자마자 곧바로 스포츠 도박에 투입한다. 허황된 꿈에 무리한 배팅을 지속하는 '백두'. '한라'의 퇴직금 50,000,000원을 탕진하는 데 하루도 채 걸리지 않는다.

"야! 이거 큰일이네…. 어떻게 하지!"

'한탕' 계획이 일순간에 어그러지자, 이내 벌어진 상황을 후회할 겨를도 없는 막막함에 눈앞이 깜깜해지는 '백두'였다. 나머지 5,000,000원마저 도박으로 사용하려던 순간, 친구였던 '한라'의 얼굴에 눈에 스쳐 지나간다. 그렇다. '백두'에게도 일말의 양심과 죄책감은 남아 있었던 것이었다.

곧바로 '백두'는 '한라'를 찾아가 건물 상가를 50,000,000원으로 계약을 체결했는데, "내 수고비는 필요 없다"며 나머지 5,000,000원을 돌려준 후 주변과의 모든 연락을 끊고 잠적해버리고 만다.

그런데 '한라'는 상가 계약을 체결했는데 정작 주인('**백두**'의 **절친 형님**)의 이름도, 연락처도 모르고 있다. 아무리 '백두'에게 연락을 해 보았지만 '백두'와 연락이 되지 않자, 잠적해버린 '백두'에 대한 분노와 배신감에 휩싸였고 '백두'가 상가 계약을 하지 않은 사실을 알게 되었다.

결국, '한라'는 '백두'를 상대로 경찰서에 사기죄로 고소장을 제출하고 얼마 후, 경찰은 '백두'의 연락처와 현재 거주하고 있는 곳을 발견하여 '백두'를 경찰서로 소환한 후 조사한다.

경찰서에서 약 3시간 동안 조사를 받고 나온 '백두'. '백두'는 경찰로부터 '한라'와 「합의」를 보지 않을 경우 구속이 될 수 있다는 말을 전해 듣고, 애가 타고 겁이 나기 시작했기에 곧장 '한라'를 찾아가 합의해달라고 애원한다.

"내 돈 50,000,000원 갖고 와! 그러면 합의해준다!"

'한라'는 한 번 자신을 속인 '백두'를 용서할 수 없었기에 쉽사리 합의에 응해주지 않았다. 그러나 '백두'는 매일같이 '한라'에게 전화를 하거나 카카오톡 문자메시지를 보내어 합의해줄 것을 요청하던 중 「합의서」와 30,000,000원을 준비해 무작정 '한라'의 집으로 찾아와 합의해줄 것을 애원하는 '백두'를 보며 결국 '한라'의 마음이 약해진다.

CHAPTER 15

그사이 '백두'는 서울중앙지방법원에서 '한라'의 사기 사건으로 이틀 후 선고를 앞두고 있었는데, '한라'와 합의가 되지 않으면 구속될 위기였던 것이다.

"아…. 어떻게 해야 되지…?"

'한라'는 고민 끝에 '백두'로부터 합의금 30,000,000원만 받고 나머지 20,000,000원은 추후 받기로 하고 '백두'가 작성해온 아래 합의서에 인감도장을 찍어주고 만다.

합의서

본인 '한라'는 가해자 '백두'와 서로 원만히 합의를 이루었으므로 '백두'의 형사처벌을 원하지 않으며, 추후 '백두'를 상대로 민·형사상 어떠한 이의도 제기하지 않겠습니다.

2021. 5. 1.
피해자(본인) '한라'

'한라'가 작성해준 합의서를 담당 재판부에 제출한 '백두'는 집행유예로 풀려난 후 '한라'에게 전화해 고맙다고 인사하면서, 제주도에 가서 관광가이드나 해 보겠다며 가기 전 시간 되면 소주나 한잔하자며 잘 살고 있으라고 한다.

"이건 또 무슨! 말이야 막걸리야?! 나머지 20,000,000원은 안 줄 생각인가?!"

그렇다. '백두'는 '한라'에게 나머지 20,000,000원을 갚을 의지도, 마음도 없었기에 '한라'의 전화번호를 차단해버리고 또다시 잠적해 버렸던 것이다.

결국, '한라'는 '백두'를 상대로 「부당이득금반환청구」 소송을 접수한다.

QUESTION

1. 「합의서」란 무엇일까요?
2. '한라'가 제기한 소송은 어떻게 되었을까요?

ANSWER

1. 「합의서」란 무엇일까요?

이 사례의 모티브가 된 대법원 판례는 형사사건의 피해자인 고소인이 가해자인 피고소인과 형사 합의서를 작성할 때 합의서상 기재되어 있는 문구가 얼마나 중요한 법적 의미와 효력을 갖는지를 보여준 판례로서, 형사사건에 있어 합의서 작성은 정말 신중하고 또 신중하게 작성하여야 한다는 것을 알려준 사례입니다.

「합의서」란 당사자들 간에 분쟁이 발생하였을 경우, 분쟁 사안에 대한 합의점을 찾고, 그 사안에 대하여 합의를 보았음을 증명하는 문서를 의미합니다. 특히, 형사사건에 있어 「합의」는 피해자에게 발생된 피해에 대하여, 가해자로부터 피해에 상응하는 대가로써 금전 등을 통해 보상이 이루어지고, 피해자는 가해자를 처벌하지 않는 것을 주목적으로 합니다. 형사사건에서 가해자로서는 반드시 「합의」를 해야만 재판부로부터 선처를 받을 수 있습니다.

그리고 「합의서」는 형법에 규정된 범죄 중 「반의사불벌죄*, 친고죄** 등」 범죄에서 중요한 역할을 하는데, 그 이유는 「반의사불벌죄, 친고죄 등」 범죄의 경우 피해자와 원만한 합의를 통해 피해자가 가해자의 처벌을 원하지 않을 경우 가해자는 형사처벌을 면하게 됩니다.

2. '한라'가 제기한 소송은 어떻게 되었을까요?

'백두'와 '한라' 사이에 작성된 「합의서」를 살펴보면, 「추후 '백두'를 상대로 민·형사상 어떠한 이의도 제기하지 않는다」라는 문구가 기재되어 있을 뿐, 추후 '한라'가 '백두'를 상대로 민사상 청구의 가

---

* 　반의사불벌죄 : 「피해자가 처벌을 바라지 않는다는 의사를 표시하면 처벌할 수 없는 범죄」를 말합니다.
** 　친고죄 : 「피해자가 고소를 하여야 수사·처벌을 할 수 있는 범죄」를 말합니다.

능성을 짐작할 수 있는 내용의 문구는 전혀 존재하지 않고 있습니다.

즉, '한라'로서는 나머지 20,000,000원을 변제받기 위해서는 추후 민사상 청구를 통해 반환받겠다는 내용이 명시되지 않았으므로 이러한 문구는 특별한 사정이 없는 한, '백두'와 '한라'의 합의는 추후 민사상 소송을 제기하지 않을 것을 약속, 즉「부제소합의」*를 한 것으로 봄이 상당합니다.

따라서 '한라'가 제기한 소송은 기각(패소)될 것입니다.

그럼 피해자인 '한라'의 경우, 가해자인 '백두'와「합의서」를 작성할 경우 아래와 같은 취지의 문구가 반드시 기재되어 있어야 추후 '백두'를 상대로 소송을 제기하면 승소할 수 있을 것입니다.

* 부제소합의 :「어떤 분쟁이 발행했을 때, 당사자 간에 서로 원만히 타협한 이후에 그 분쟁으로 인하여 민·형사상 이의를 일절 제기하지 않겠다는 합의」를 말합니다.

합의서

본인 '한라'는 가해자 '백두'와 서로 원만히 합의를 이루었으므로 '백두'의 형사처벌을 원하지 않습니다.
다만, 본인 '한라'의 피해금액 전액에 대해서는 추후 민사상 청구를 하는 조건으로 가해자 '백두'와 형사 합의서를 작성하는 것입니다.

2021. 5. 1.
피해자(본인) '한라'

POWER PRECEDENT

대법원 2014. 4. 24. 선고 2013다97786 판결 〈대여금〉, 대법원 1995. 10. 12. 선고 95다23156 판결 〈약정금〉

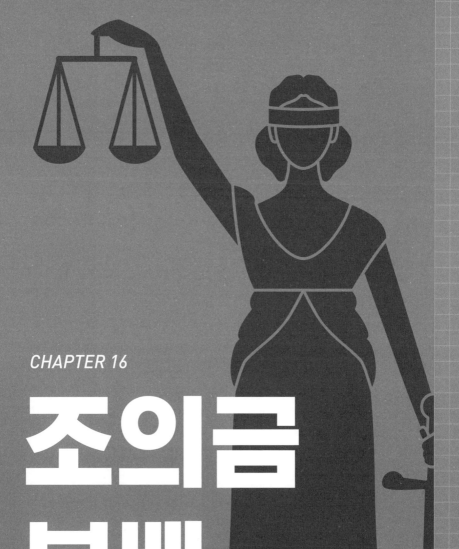

CHAPTER 16

조의금 분배

형제의 난!

    '백두'와 '한라'는 5남매의 장남과 차남이다. 장남인 '백두'는 일 찍이 아버지를 여의고 서울로 상경하여 직장생활을 거쳐 경력을 쌓 은 후 현재는 중소기업을 운영하고 있다. 그리고 차남인 '한라'를 제 외한 다른 동생들 역시 고등학교 졸업 후 전국 각지로 뿔뿔이 흩어져 직장생활을 하는 바람에 결국 차남인 '한라'가 고향을 지키면서 홀로 어머니 '금강'을 극진히 모시며 농사일을 하고 있다.

    '금강'은 젊은 시절부터 5남매를 먹여 살리느라 힘든 농사일과 온 갖 궂은일을 마다하지 않으며 생활하였는데 「세월 앞에 장사 없다!」 는 말처럼 어느새 노환에 치매까지 찾아오는 바람에 해를 거듭할수 록 '금강'의 병환은 깊어져만 갔다.

    이런 '금강'의 모습을 제일 가까이서 지켜보고 보호하며 농사일 을 하던 '한라'는 다른 남매들보다는 효심이 깊었고 어머니를 돌보는데 최선의 노력을 다하였지만 '금강'의 건강상태는 이미 손쓸 수 없을 만큼 깊어지고 만다.

어머니의 남은 시간이 얼마 되지 않았음을 직감한 '한라'는 서둘러 형과 동생들에게 연락을 취한다. 그러나 5남매가 모두 모이기도 전에 '금강'은 유언 한마디 제대로 남기지 못하고 숨을 거두고야 만다.

'금강'이 숨을 거둔 후, 각자의 삶을 찾아 흩어져 살고 있던 5남매가 어머니의 장례를 위해 한자리에 모이게 되었고, 5남매들은 친척과 지인들에게 어머니인 '금강'이 돌아가신 사실과 장례식장 등의 정보를 알리는 부고(訃告)[*] 문자메시지를 각자 발송하였다.

'금강'의 부고 소식을 전해 들은 수많은 사람들은 장례식장을 찾아와 5남매를 진심으로 위로하고 '금강'이 저승에서 편히 영면(永眠)^{**}할 수 있도록 기도를 해 주었는데, 특히 서울에서 중소기업을 운영하는 장남 '백두'의 손님들이 많이 방문하여 '백두'를 위로해주었다.

3일이 지난 후, 5남매들은 '금강'의 장례식을 무사히 마치고 '한라'의 집에 모두 모여 장례식장에서 수금한 조의금을 확인하고, 장례식장에서 발생된 비용 등을 정산하였다. 정산을 마무리하자 16,800,000원의 조의금이 남았는데, 그 정산내역은 다음과 같았다.

---

*   부고 : 「죽음을 알려주는 통지」를 말합니다.
**   영면 : 「오랫동안 잠이 들다」를 말합니다.

```
- 정 산 내 역 -

〈수입〉
  친척들의 조의금 수입 : 2,000,000원
  장남 '백두'의 지인 조의금 수입 : 15,000,000원
  차남 '한라'를 포함한 4남매들의 지인 조의금 수입 : 23,000,000원
  총 부의금 : 총 40,000,000원
〈지출〉
  차남 '한라'가 지출한 장례식장 이용 지출 : -17,000,000원
  차남 '한라'가 지출한 '금강'의 절(49재) 이용 : -6,000,000원
  차남 '한라'가 지출한 '금강'의 위패봉안 비용 : -200,000원
  총 지출금 : 총 23,200,000원
〈잔액〉
  16,800,000원(40,000,000원-23,200,000원)
```

그런데 정산 후 남아 있는 조의금 16,800,000원을 확인한 '백두'가 자리에 함께한 동생들에게 갑자기 말을 꺼낸다.

"친척들의 조의금 수입 2,000,000원은, 내가 장남이니깐 내 조의금에 포함되어야 하고 그러면 내 손님들 조의금 수입 1,500,000원과 합하면 총 17,000,000원이다. 그런데 '한라'가 장례식 관련해서 23,200,000원을 지출하였으므로 나를 포함한 5남매들은 장례식 지출 비용을 1/N로 부담하면 4,640,000원(23,200,000원/5)이니깐, 이 금

액을 제외한 12,360,000원('백두' 조의금 수입금 17,000,000원-'백두'의 장례식 지출부담금 4,640,000원)은 내 몫으로 가져갈게!"

"뭐라는 거야? 형?! 그러면 안 되지!"

가만히 듣고 있던 동생 '한라'가 화를 내고 발끈하며 말을 계속 이어갔다.

"형이 나한테 뭐라고 했어?! 어? 장례식장에서 내가 그동안 어머니를 간호하면서 고생했다면서 남는 조의금이 있으면 전부 나보고 가져가라고 했잖아?! 이제 와서 말을 바꾸면 어떡해?! 다른 형제들도 마찬가지야! 그동안 어머니한테 누구 하나 제대로 신경 썼어? 남은 조의금은 내가 전부 갖겠어! 그게 순리야!"

장남인 '백두'와 '한라'는 남은 조의금 16,800,000원 때문에 계속해서 갈등을 벌였다.

결국, '백두'는 '한라'를 상대로 「조의금반환청구」 소송을 접수한다.

QUESTION

1. 장례식 조의금은 어떻게 배분되어야 할까요?

ANSWER

1. 장례식장 조의금은 어떻게 배분되어야 할까요?

우리나라 사람들에게 있어 경조사는 참으로 중요한 관습 중 하나인 것 같습니다. 이 중에서도 특히 '경사는 못 챙겨도, 조사는 꼭 살펴라'라는 말이 있을 만큼 장례식을 찾아가 소정의 부의금을 건네며 유가족을 위로하는 것은 매우 중요한 덕목입니다.

그런데 부모님이 돌아가신 후 장례식장에 방문한 친척, 친구, 지인 등이 지급한 조의금에 대하여 형제나 자매 등 사이에 조의금 배분방법을 두고 다툼이 발생하곤 합니다. 물론 가장 이상적인 방법은 형제간의 우애를 바탕으로 서로 조금씩 배려하여 원만한 협의를 통해 배분하면 좋을 것입니다. 그러나 위 사례의 경우처럼 부의금 배분방법에 대하여 다툼이 발생할 경우 어떠한 법적 기준으로 배분되는지 알아보려 합니다.

우선 사람이 사망한 경우 장례비용으로 사용하고 남은 조의금은 특별한 사정이 없으면 공동상속인들 각자에 대한 조문객의 조의금 비율에 따라 배분되어져야 합니다.

위 사례의 경우, '백두'가 돌아가신 어머니 '금강'의 장남인 점만으로는 친척들의 조의금 2,000,000원을 '백두' 조의금으로 포함하여 산정할 근거는 전혀 없으며 친척들의 조의금은 공동상속인들에 대한 공동조의금으로 분배되어야 하는 것이 원칙입니다. 그리고 장례식장

이용 비용과 49재 비용, 위패봉안 비용은 사회통념상 일반적인 장례 비용에 속한다고 봄이 타당하므로 여기에 지출되는 비용 역시 공동 상속인들이 모두 부담해야 하는 장례비용입니다.

위 사례의 경우, 분배대상인 조의금을 산출하여 보면, 총 조의금 40,000,000원이고 공제될 장례비용의 합계액은 23,200,000원(장례식장 비용 17,000,000원＋49재 비용 6,000,000원＋위패봉안비 200,000원)이므로 분배대상이 되는 조의금은 16,800,000원(40,000,000원-23,200,000원)입니다.

그리고 '백두' 지인들의 조의금은 15,000,000원이므로 '백두'가 배분받을 조의금은 「[16,800,000원(분배대상이 되는 조의금)]X[15,000,000원('백두'의 이름으로 들어온 조의금)]÷[40,000,000원(총 조의금)]」으로 계산한 6,300,000원이므로, '백두'는 '한라'로부터 6,300,000원을 배분받을 수 있습니다.

결국, 장례식을 통해 수금된 모든 조의금에서 장례식에 사용된 전체 비용을 공제한 나머지 금액이 분배대상의 조의금이 되는 것이며, 이 중 각자의 몫을 계산하는 방법은 각 개인이 받은 금액을 전체 조의금액으로 나누고, 이를 분배대상이 되는 금액에 곱한 값이 분배받을 몫의 조의금으로 산정되는 것입니다.

POWER PRECEDENT

서울동부지방법원 2015. 11 4. 선고 2015나21839 〈조의금반환〉

잠깐! 알아두면
힘이 되는 법률 이야기!!

망인(돌아가신 분)의 상속권자 상속 순위(민법 제1000조)

1순위 : 망인의 직계비속입니다. 즉, 망인의 아들과 딸입니다. 1순위에는 야자와 혼인 외의 아들, 딸도 포함됩니다.

2순위 : 망인의 직계존속입니다. 즉, 망인의 부모님입니다.

● **배우자의 특칙**

: 망인의 배우자는 1순위 상속인이 있다면 1순위와 공동상속인이 됩니다. 그러나 1순위 상속인이 없을 경우 2순위 상속인과 공동상속인이 됩니다. 즉, 배우자는 1순위와 2순위 상속인이 없을 경우에만 망인의 단독상속인이 됩니다.

3순위 : 망인의 형제자매입니다. 즉, 망인의 형과 누나, 남동생, 여동생이 포함됩니다. 3순위에는 망인의 이복형제도 포함됩니다.

4순위 : 망인의 4촌 이내의 방계혈족입니다. 즉, 망인의 삼촌과 고모 등이 포함됩니다.

상속권자의 상속 비율(민법 제1009조)

망인이 1979. 1. 1.부터 1990. 12. 31. 기간에 사망한 경우
– 배우자 1.5, 장남(호주상속인) 1.5, 아들 1, 딸, 결혼한 딸 0.25

망인이 1991. 1. 1.부터 현재까지 사망한 경우
– 배우자 1.5, 아들 1, 딸(결혼한 딸 포함) 1

EX)
Q. 2021. 1. 1. 아버지가 70,000,000원의 재산을 남기고 돌아가시면서 상속인으로는 배우자, 아들과 딸 각 1명이 있다면 70,000,000원을 어떻게 나누게 어떻게 될까?
A. 배우자 30,000,000원 (1.5)
　아들 20,000,000원 (1)
　딸 20,000,000원 (1)

유류분 청구(민법 제1112조)

2016. 7. 1. 아버지가 돌아가셨습니다. 그런데 아버지께서는 상속인 중 장남에게만 재산 1억 원 상당의 부동산을 증여한다는 유언을 남겼습니다. 다른 공동상속인들(나머지 자식 및 배우자)은

어떡해야 할지 난감한 상황입니다.

이럴 경우 상속을 받지 못하는 다른 공동상속인들은 유류분 청구를 통하여 정당한 상속인의 권리를 행사할 수 있는데, 이러한 유류분 청구는 상속인들 각자의 법정상속 비율 중 절반(1/2) 비율만큼 청구·분배받을 수 있는 권리입니다.

그러나 주의할 점은 1순위 공동상속인과 배우자는 법정상속분의 절반(1/2)을 청구할 수 있지만, 만약 1순위 공동상속인이 존재하지 않아 2순위 공동상속인이 유류분을 청구할 경우에는 법정상속분의 1/3만 청구할 수 있습니다.

상속세

망인의 재산을 상속받으면 당연히 상속세를 내어야 합니다.

이러한 상속세는 망인이 돌아가신 날부터 6개월 이내에 신고하면 10%의 세액을 공제해줍니다. 그러나 6개월 이내에 신고하지 않으면 20%의 가산세가 붙으니 주의하셔야 되며, 상속세금과 관련한 문의는 반드시 세무사에게 상담받으시기 바랍니다!

CHAPTER 17

복권
이익배당

흔들린 우정…

만인의 축복인 불타는 금요일. '백두'와 '한라'는 '한라'의 생일을 맞아 오랜만에 즐거운 술자리를 보낸 후, 집으로 돌아가는 버스승강장 옆 복권방 앞에 멈춰선다.

"어? 여기 복권방이 있었네? 로또 한 장씩 살까?"

취기가 올라 있던 '백두'는 어린아이마냥 신나 하며 '한라'의 손목을 붙잡고 복권방으로 들어선다. 평소 요행에 기대지 않는 '한라'는 그저 어린아이 같은 '백두'의 모습을 재밌어할 뿐이다.

"당첨되면 반반인 거 알지?"

"당연하지!"

'한라'는 수중에 있던 현금 만 원으로 5천 원권 로또 두 장을 구매하고, 로또 한 장을 '백두'의 손에 쥐여주었다.

'한라'는 신나 있는 '백두'의 어깨를 툭 치며 그저 미소를 지을 뿐이었다.

주말이 지난 월요일 늦은 오전. '한라'는 침대에서 일어나 화장실로 가던 중 떨리는 목소리로 걸려온 '백두'의 전화를 받는다.

"하…한라야…. 네가 준 로또 있잖아…. 일…일등 당첨됐어! 십…십억이야!!"

그 순간 '한라'는 환호를 지르며 기뻐하면서도 '백두'가 장난치는 줄 알고 세수도 하지 않은 채 혹시나 하는 마음에 '백두'에게 달려간다.

이게 무슨 일인가! '백두'의 말은 모두 사실이었고, '백두'와 '한라'는 팔자 고쳤다며 서로 부둥켜안고 울면서 기뻐하지만 이 기쁨의 순간도 잠시 뿐, '한라'의 한마디에 분위기는 이내 싸늘해지고 만다.

"'백두'야! 드디어 우리 고생 끝났다!! 우리 반반씩 나누기로 한 거 기억하지?"

순간 표정이 굳어지는 '백두'…. 조용히 '한라'를 밀쳐내고 차가운 목소리로 한마디를 내뱉는다.

"지금 무슨 소리 하냐? 내가 왜 너한테 반을 줘야 하는데? 내가 당첨된 거잖아?!"

"야! 장난해! 우리 분명하게 반반 나누기로 약속했잖아?!"

"내가 언제?! 난 그런 말 한 적 없거든?!"

결국, '한라'는 '백두'를 상대로 복권 당첨금을 받아내기 위해 「부당이득반환청구」 소송을 접수한다.

1. '한라'의 돈으로 구매하여 '백두'에게 전해준
   로또의 소유권은 누구일까요?
2. 당첨금을 반씩 나눠 갖자는 '백두'와 '한라'의 약속은
   효력이 있을까요?

ANSWER

1. '한라'의 돈으로 구매하여 '백두'에게 전해준
   로또의 소유권은 누구일까요?

'한라'는 자신의 돈으로 두 개의 로또를 구매하였으므로 로또의

소유권 또는 지분은 '한라'에게 있는 것처럼 생각될 수 있습니다. 그러나 구매한 로또를 '백두'에게 건네준 '한라'의 행동은 「증여」에 해당이 됩니다. 「증여」란, 당사자 일방이 무상으로 재산을 준다는 의사표시를 하고 상대방은 승낙함으로써 성립하는 계약을 뜻합니다.

결국, '한라'는 로또를 구매한 후 '백두'에게 무상으로 지급하였으므로 일등으로 당첨된 로또의 소유권은 '백두'입니다.

2. 당첨금을 반씩 나눠 갖자는 '백두'와 '한라'의 약속은 효력이 있을까요?

그런데 '백두'는 '한라'가 로또를 건네주면 반반씩 나눠 갖자는 제안에 별도의 거절 의사를 표한 사실이 없을 뿐만 아니라 오히려 '당연하지!'라는 말을 한 사실을 보면 '한라'의 제안에 동의했음을 확인할 수 있습니다. 이러한 '한라'의 언행을 「묵시적 합의」라고 합니다.

「묵시적 합의」란 상대방에게 별도의 의사표시가 없었다면 계약의 성립을 추정할 수 있는 경우를 의미하는데, 주로 부동산 임대차 계약에서 '묵시적'이라는 용어가 등장합니다. 가령 부동산 임대차 계약기간(2년)이 종료되기 이전 임대인과 임차인이 서로에 대하여 임대차 계약에 따른 해지 통보를 하지 않을 경우 기존 부동산 임대차 계약은 동일한 조건으로 연장(이를 '묵시적 갱신'이라 합니다)됩니다.

결국, 위 사례의 모티브가 된 판례에서는, '한라'는 '백두'에게 당첨금의 절반을 자신에게 반환해줄 것을 청구할 수 있습니다. 또한, '백두'가 계속해서 '한라'의 당첨금 반환 요청을 거부할 경우 '백두'는 형법상 불법 영득 의사가 있었다는 이유로 「횡령죄」로 처벌될 수 있습니다.

POWER PRECEDENT

대법원 2000. 11. 10. 선고 2000도 4335 판결 〈횡령〉, 부산가정법원 2014. 4. 24. 선고 2012드합○○○ 판결 〈이혼 등〉, 대구고등법원 2009. 4. 23. 선고 2008나5678 판결 〈약정금〉

MOTIVE가 된 판례

대법원 2000. 11. 10. 선고
2000도4335 판결 〈횡령〉

'한라'가 2천 원을 내어 구입한 복권 4장을 '한라'와 '백두'를 포함한 4명이 한 장씩 나누어 그 당첨 여부를 확인한 결과 '백두'가 긁어 확인한 복권이 2천만 원에 당첨되었으나 당첨금을 수령한 '백두'가 '한라'에게 그 당첨금(1/4금원)의 반환을 거부한 경우, '한라'와 '백두'를 포함한 4명 사이에는 어느 누구의 복권이 당첨되더라도 당첨금을 공평하게 나누거나 공동으로 사용하기로 하는 묵시적인 합의가 있었다고 보아야 하므로 그 당첨금 전액은 같은 4명의 공유라고 봄이 상당하여 '백두'로서는 '한라'의 당첨금 반환 요구에 따라 그의 몫을 반환할 의무가 있고 '백두'가 이를 거부하고 있는 이상 횡령죄가 성립될 수 있다.

부산가정법원 2014. 4. 24. 선고
2012드합○○○ 판결 〈이혼 등〉

로또 당첨금은 자신의 행운에 의하여 취득하였을 뿐 부부가 공동으로 협력하여 이룩한 재산이라고 볼 수 없어 특별한 사정이 없으면 원칙적으로 일방(남편 또는 부인)의 특유재산이므로 재산분할의 대상이 아니다.

분실물
관리·
책임

내 신발에 발이 달렸나?

　드디어 찾아온 주말. 오랜만에 친구들을 만나기 위해 거리로 나서는 '백두'의 발걸음은 신나고 가볍다. 그 이유는 바로 어제 애인 '소백'으로부터 생일선물로 받은 신발(약 20만 원)을 처음 신고 길을 나서기 때문이다.

　카페에서 친구들과 만나 즐거운 시간을 보내던 '백두'는 친구들과 2차를 이어가기 위해 '한라'가 운영하는 횟집으로 발걸음을 옮겼다. 워낙 맛집으로 유명한 '한라'의 가게였기 때문에 가게 앞은 이미 문전성시이다.

　약 1시간을 대기하고 드디어 가게에 들어선 '백두'는 왠지 마음이 불안하고 불편하다.

　"아! 신발에 때 타는 것도 싫은데, 이거 자칫하면 신발 구겨지겠는데…. '소백'이 큰맘 먹고 사준 건데…. 난감하네….”

가게에 가득 차 있는 손님들만큼 이미 신발장은 신발로 가득 차 있었고, 신발장이 부족해서인지 현관 앞에는 손님들의 신발과 슬리퍼가 정신없이 널브러져 있었기 때문이다.

'백두'는 신발 때문에 마음이 편치 않았지만 친구들과 함께 가게 안으로 입장하여 가장자리 테이블에 자리 잡아 회를 주문한다.

얼마나 흘렀을까? '백두'는 친구들과 재미있게 술과 음식을 즐긴 후 집으로 가기 위해 가게 문을 나서려다 술이 확 깰 정도로 당황하였다.

“내 신발! '소백'이 선물해준 신발!!!”

마땅히 둘 곳이 없어 현관 앞에 벗어두었던 '백두'의 신발이, 사랑하는 '소백'이 선물해준 소중한 신발이 사라졌기 때문이다.

한참을 우왕좌왕하던 '백두'는 정신을 가다듬고 가게 주인 '한라'에게 찾아간다.

“사장님! 도대체 신발 관리를 어떻게 하시는 거예요? 제 신발이 사라졌네요? CCTV 돌려보시든 경찰에 신고하시든 해서 내 신발을 찾아 주시던지, 아니며 신발값 200,000원 당장 배상해주세요!!”

"아니, 손님. 그게 왜 제 책임이에요? 가게에서 횡포 부리지 말고, 취하셨으면 좋게 집으로 돌아가세요!"

'백두'의 계속된 항의에 가게 주인 '한라'는 신발값이 얼마건 간에 신발을 분실한 책임은 '백두'에게 있다며 손가락으로 신발장 앞을 가리키며 절대로 배상해줄 수 없다고 완강히 버틴다.

그리고 '한라'가 가리킨 손가락 끝에는 출입구에 부착되어 있는 문구가 있었다.

「분실 주의!
우리 업소에서 분실된 물건(신발, 우산 등)에 대해서는 절대 책임지지 않습니다!
                                          - 주인장 한라 백 -」

결국, '백두'는 '한라'를 상대로 한국소비자원에 「분쟁조정 신청」을 접수한다.

QUESTION

1. 「공중접객업소」에 부착된 문구는 효력이 있을까요?
2. 분실된 신발은 누구의 책임일까요?

1. 「공중접객업소」에 부착된 문구는 효력이 있을까요?

「공중접객업소」란 불특정 다수를 대상으로 서비스업을 하는 음식점, 목욕탕 등 대부분의 가게를 말합니다. 그리고 이러한 공중접객업소 현관 입구에는 위 사례와 같이 「우리 업소에서 분실된 물건(신발, 우산 등)에 대해서는 절대 책임지지 않습니다」라는 문구가 기재된 표지판을 붙여두고 있는 모습을 익숙하게 보셨을 겁니다.

실제로 대다수의 사람들은 식당 등의 음식점(가게)을 이용할 때, 자신의 물건이 분실되지 않는 한 이러한 문구에 대하여 의구심 없이 대수롭지 않게 넘어갈 것입니다. 또한 막상 물건을 잃어버린 경우에는 가게 주인에게 항의하더라도 위 표지판의 문구를 근거로 분실 물건에 대한 책임이 없다는 가게 주인의 대답에 수긍하는 경우도 많을 것입니다.

그러나 표지판에 기재된 「분실 물건에 대하여 가게 주인이 책임 없다」는 취지의 내용은 원칙적으로 법적 효력이 없으며, 결국 가게 주인은 분실한 물건(신발, 우산 등)을 손님에게 배상(손님의 분실 주의 일부 과실을 감안하여)하여야 하는 것이 원칙입니다. 이러한 배상의 근거는 아래와 같이 「상법 제152조」에 명시되어 있습니다.

상법

제152조(공중접객업자의 책임)

① 공중접객업자는 자기 또는 그 사용인이 고객으로부터 임치(任置,
돈이나 물건을 맡겨둔다는 뜻)받은 물건의 보관에 관하여 주의를 게
을리하지 아니하였음을 증명하지 아니하면 그 물건의 멸실 또는 훼
손으로 인한 손해를 배상할 책임이 있다.

② 공중접객업자는 고객으로부터 임치받지 아니한 경우에도 그 시설
내에 휴대한 물건이 자기 또는 그 사용인의 과실로 인하여 멸실 또는
훼손되었을 때에는 그 손해를 배상할 책임이 있다.

③ 고객의 휴대물에 대하여 책임이 없음을 알린 경우에도 공중접객
업자는 제1항과 제2항의 책임을 면하지 못한다.

2. 분실된 신발은 누구의 책임일까요?

이처럼 「상법 제152조 1항과 2항」에서는 공중접객업소의 업주는 손
님의 임치물이 분실되지 않도록 주의를 기울여 관리해야 할 책임이 있
음을 명시하고 있습니다. 이에 대한 배상 책임을 면하려면, 자신이 물
품관리에 최선을 다해 주의를 기울였음을 업주가 입증해야 할 책임을
지도록 하고 있으므로 가게 주인인 '한라'가 분실물에 대한 책임을 져
야 하며, 이 경우 분실된 신발의 사용 일수와 신발 소유자인 '백두'의
주의의무 등을 감안하여 적정수준의 비용을 배상하여야 할 것입니다.

다만 '한라'가 횟집을 이용하는 손님들에게 일일이 열쇠가 있는 잠금장치가 설치된 신발장과 신발 주머니 등을 적극적으로 제공하고, 현관 입구에 CCTV를 설치하는 수준 등의 보관상 주의를 기울여 적극적으로 관리했다면 분실된 신발의 책임 중 일부만 책임지거나 책임을 지지 않을 수 있습니다.

한편, 만약 '백두'의 신발이 「고가의 명품 신발」이었다면 어떻게 될까요? 이럴 경우 '한라'는 책임이 없어 배상할 이유가 없어지는데, 그 근거는 아래와 같이 「상법 제153조」 규정에 명시되어 있습니다.

상법

제153조(고가물에 대한 책임)
화폐, 유가증권, 그 밖의 고가물(高價物, 큰돈이나 값어치가 있는 물건)에 대하여는 고객이 그 종류와 가액(價額)을 명시하여 임치하지 아니하면 공중접객업자는 그 물건의 멸실 또는 훼손으로 인한 손해를 배상할 책임이 없다.

즉, 위 사례의 경우 만약 '백두'의 신발이 고가의 명품 신발이었다면, '백두'로서는 가게 주인에게 직접 신발을 맡기면서 그 종류와 가격 등을 정확히 알려주어야 합니다. 이렇게 특별히 주의해서 보관해 줄 것을 요청한 사실이 없었다면 '한라'를 상대로 배상을 받기 어려워질 수 있으니 반드시 유의하시기 바랍니다.

CHAPTER 19

도박
자금

카지노 가본 사람 손!

3년간 골방에 틀어박혀 준비한 구청 공무원 시험에서 드디어 합격한 '백두'. 그동안 쌓인 스트레스를 날리고자 절친 '한라'와 함께 들뜬 마음으로 강원도에 위치한 「카지노」를 찾아갔다.

'백두'는 마치 오늘이 이 세상 마지막 날인 것처럼 자신의 통장 잔고가 비는 줄도 모르고 신나게 카지노 게임에 몰두하다 결국 생활비마저 탕진하고 만다. 본전 생각에 쉽게 카지노를 떠날 수 없어 망부석처럼 파친코 기계 앞에 굳어 있던 백두였다.

"한라야! 잭팟 터지면 갚든지, 구청에 발령 나서 월급 들어오면 바로 갚을게. 100만 원만 좀 빌려주라!"

"야! 그게 적당히 조절하면서 했었어야지! 으휴! 너 백수 탈출한 기념으로 빌려준다! 월급 들어오자마자 바로 갚아라!"

그러나 '한라'에게 빌린 100만 원마저도 순식간에 또다시 탕진해 버린 '백두'. 순식간에 벌어진 아찔한 상황이 그저 어이없고 황당할 뿐이었다.

그렇게 카지노에서 정신없이 시간을 보낸 두 사람은 다시 일상으로 돌아왔고, '한라'는 한동안 연락 없던 '백두'에게 100만 원을 갚으라며 카카오톡 메시지를 보냈지만, 어떤 이유에서인지 '백두'는 구청에 발령 난 이후에도 '한라'에게 돈을 갚겠다는 연락이 전혀 없었다.

알고 보니 도박의 맛을 본 '백두'는 월급이 들어오는 족족 카지노를 방문해 월급을 탕진하고 있었던 것이었다. '한라'의 돈을 갚을 능력이 없던 '백두'는 계속해서 '한라'의 카카오톡 메시지에 대한 답장을 해주지 않았고, 그 이후 계속되는 '한라'의 변제 독촉 메시지를 일부러 확인하지 않고 있었던 것이었다.

그러던 중 '백두'는 구청 공무원 시험과목을 공부하면서 배웠던 민법 조문이 생각나 '이거다!' 하며 '한라'에게 연락한다.

"내가 너한테 도박을 위해 빌린 100만 원은 「불법원인급여」에 해당되기 때문에 안 갚아줘도 되는 돈이니 앞으로 연락하지 마!"

결국, '한라'는 '백두'를 상대로 「대여금 청구」 소송을 접수한다.

1. 「불법원인급여」란 무엇일까요?
2. 「도박죄」란 무엇일까요?
3. '백두'는 '한라'에게 돈을 갚아야 할까요?

ANSWER

1. 「불법원인급여」란 무엇일까요?

「불법원인급여 〈 민법 제746조 〉」란, 불법의 원인으로 인하여 재산을 급여하거나 노무를 제공한 때에는 그 이익의 반환을 청구하지 못하는 것을 뜻합니다. 즉 급여를 한 사람은 그 원인행위가 법률상 무효인 경우, 상대방에게 「부당이득반환청구」를 할 수 없습니다.

또한 급여한 물건의 소유권이 자기에게 있다고 하여 소유권에 기한 반환청구도 할 수 없어서 결국, 급여한 물건의 소유권은 급여를 받은 상대방에게 귀속된다는 의미입니다. 여기에서의 「불법원인」이라 함은 그 원인이 되는 행위가 「선량한 풍속 기타 사회질서에 위반 〈 민법 제103조 : 선량한 풍속 기타 사회질서에 위반한 사항을 내용으로 하는 법률행위는 무효로 한다 〉」을 하는 경우를 말하는데, 도박자금의 금전 대여행위(=**무효**)는 선량한 풍속 기타 사회질서에 위반되는 「불법원인급여」에 해당됩니다.

즉, 「민법 제103조와 제746조」에 명시된 바와 같이 선량한 풍속에 반하거나 불법을 원인으로 제공되어지는 급여나 노무 행위는 원천적으로 계약 자체가 성립할 수 없는 행위입니다. 쉽게 말해 도박이나 성매매를 위한 금품 대여행위 또는 계약행위 등이 모두 포함됩니다. 따라서 도박이나 성매매 등을 위하여 이루어진 금전을 대여하는 계약은 무효에 해당되므로 이와 관련한 차용증 또는 금전대차계약서 등은 아무런 법적 효력이 없는 것입니다.

2. 「도박죄」란 무엇일까요?

「도박죄 〈 형법 제246조 〉」란, 금품을 걸고 승부나 게임을 하는 것으로서, 그 결과에 우연이나 요행수가 굉장히 크게 작용하는 사행성 행위를 말합니다. 단, 특정 지역 경기 활성화를 위하여 조성된 강원랜드나 스포츠 종목 육성 및 활성화를 위하여 행하여지는 정식 스포츠 토토 및 복권은 국가에서 그 영업과 사행성 행위를 예외적으로 허용하고 있습니다. 그리고 도박죄에 해당되는지 여부는 「도박의 시간과 장소, 도박자의 사회적 지위 및 도박 재물의 범위, 도박에 이르게 된 경위 등」을 참작하여 구체적으로 판단하며, 일시오락 정도의 **화투(속칭 고스톱)**를 하며 1점당 100원을 걸고 잃은 사람과 딴 사람의 돈 액수가 적다면 「도박죄」로 보지 않습니다.

3. '백두'는 '한라'에게 돈을 갚아야 할까요?

그런데 위 사례의 경우, 창원지방법원 및 서울중앙지방법원의 각

하급심 판결이 있었는데, 놀랍게도 그 선고 결과는 달랐습니다.

- 창원지방법원 판결 -

강원랜드 카지노는 허가를 받아 운영하는 카지노로서, 같은 조 제 3항에 따라 내국인도 위 카지노에 입장할 수 있어 내국인에게도 카지노를 허용하고 있는 점에 비추어보면, 강원랜드에서 카지노 도박을 하기 위하여 돈을 대여하는 등의 금전거래가 이루어졌다 하더라도 이를 가리켜 선량한 풍속 기타 사회질서에 위반한 사항을 내용으로 하는 법률행위로서「불법원인급여에 해당한다고 할 수 없다고 판단하여 '한라'는 '백두'로부터 대여금을 반환받을 수 있었습니다.

- 서울중앙지방법원 판결 -

강원랜드 카지노는 도박이 매일 이루어지고 수없이 많은 횟수의 도박을 할 수 있고 이로 인하여 도박에 중독된 사람들이 많아지고 있으며, 그로 인하여 재산을 탕진하고 가정마저 파괴된 채 노숙인으로 전락하여 비참한 생활을 하는 사람이 많이 생기고 있는 상황인데, 이러한 현상은 우리의 윤리적 기준이나 도덕률에도 위반된 것으로 법적 보호를 거절하여야 하는 것이어서「불법원인급여」에 해당한다고 판단하여 '한라'는 '백두'로부터 대여금을 반환받지 못하였습니다.

결국, 위 사례의 경우, '백두'가 '한라'에게 돈을 갚아야 하는지에 대한 정확한 정답은 없습니다. 그 이유는 각 지방판결만 존재할 뿐 오늘날까지 확립된 대법원의 판단이 없었기 때문입니다.

여러분의 생각은 어떠신가요? '백두'는 '한라'에게 돈을 갚아야
할까요?

POWER PRECEDENT

대법원 2008. 10. 23. 선고 2006도736 판결 〈상습도박〉, 대법원 1985.
11. 12. 선고 85도2096 판결 〈도박〉, 대법원 2006. 11. 23. 선고 2006
도6795 판결 〈사기〉, 창원지방법원 2012. 10. 10. 선고 2011나16145
판결 〈대여금〉, 서울중앙지방법원 2014. 3. 28. 선고 2013가소398979
판결 〈대여금〉, 대법원 1973. 5. 22. 선고 72다2249 판결 〈대여금〉

MOTIVE가 된 판례

대법원 1985. 11. 12. 선고
85도2096 판결 〈도박〉

'백두'와 '한라' 등은 세탁소 경영, 영업용 택시 운전기사, 정육점 경영, 회사원 등의 생업에 종사하고 있었으며, 평소에 한 건물에 사는 관계로 얼굴을 알고 지내는 정도의 친분관계에 있었는데, 이 사건 일시에 서로의 친교를 두텁게 하기 위해 술내기 화투놀이(속칭 고스톱)를 하기로 하고 1점당 100원을 걸고 화투를 친 결과, 잃은 사람의 돈 액수는 200원 내지 4,000원 정도, 딴 사람의 돈 액수는 8,000원 정도였으며, 그 화투놀이 후 '백두'와 '한라' 등은 모두 부근 포장마차에서 '백두'와 '한라'가 딴 돈 8,000원과 그 외 일부 추렴한 돈을 합쳐 10,000원 상당의 술을 마신 사실을 인정할 수 있는데 이러한 '백두'와 '한라'의 도박 행위는 일시오락의 정도에 해당하므로 무죄를 선고한다.

대법원 2006. 11. 23. 선고
2006도6795 판결 〈사기〉

차용금의 편취에 의한 「사기죄」의 성립 여부는 차용 당시를 기준으로 판단하여야 하고, 사기죄의 주관적 구성요건인 편취의 범의의 존부는 '백두'가 자백하지 아니하는 한 범행 전후의 피고인의 재력, 환경, 범행의 내용, 거래의 이행과정, 피해자인 '한라'와의 관계 등과 같은 객관적 사정을 종합하여 판단하여야 할 것이다. 한편, 민법 제746조의 불법원인급여에 해당하여 급여자가 수익자에 대한 반환청구권을 행사할 수 없다고 하더라도, 도박 자금으로 사용하기 위하여 금원을 차용하였더라도 기망을 통하여 급여자로 하여금 불법원인급여에 해당하는 재물을 제공하도록 하였다면 「사기죄」가 성립한다.

대법원 2008. 10. 23. 선고
2006도736 판결 〈상습도박〉

골프는 당사자의 기량에 대한 의존도가 높은 경기의 일종이지만, 경기자의 기량이 일정한 경지에 올라 있다고 하여도 매 홀 내지 매 경기의 결과를 확실히 예견하는 것은 전혀 가능하지 않은 점, 골프가 진행되는 경기장은 자연상태에 가까워서 선수가 친 공이 날아가는 방향이나 거리가 다소간 달라짐에 따라 공이 멈춘 자리의 상황이 상당히 달라지기 쉽고 이는 경기의 결과에 지대한 영향을 미치게 되는데, 대단히 우수한 선수라고 하더라도 자신이 치는 공의 방향이나 거리를 자신이 원하는 최적의 조건으로 또는 경기 결과에 영향이 없을 정도로 통제할 수는 없는 점, 「도박죄」에서 요구하는 우연은 선수들의 기량, 투지, 노력 등에 대비되어 다소 부정적인 의미가 내포된 '우연'이 아니라 '당사자 사이에 있어서 결과를 확실히 예견하거나 자유로이 지배할 수 없는' 성질을 가리키는 것으로서 가치평가와 무관한 개념이어서 선수들의 기량 등을 모두 고려하더라도 경기의 결과를 확실히 예견할 수 없고 어느 일방이 그 결과를 자유로이 지배할 수 없을 때에도 이를 도박죄에서 말하는 우연의 성질이 있는 것으로 볼 수 있는 점, 골프를 비롯한 운동경기와 화투, 카드, 카지노 등 사이에 승패의 결정에 경기자의 기능과 기량이라는 요인과 이와 무관한 우연이라는 요인이 영향을 미치는 정도는 매우 상대적인 점, 설사 기량 차이가 있는 경기자 사이의 운동경기라고 하더라도 핸디캡의 조정과 같은 방식으로 경기자 간에 승패의 가능성을 대등하게 하거나 승리의 확률이 낮은 쪽에 높은 승금을 지급하고 승리의 확률이 높은 쪽에 낮은 승금을 지급하는 방식을 채택함으로써 재물을 거는 당사자 간에 균형을 잃지 않게 하여 실제로 우연이라는 요소가 중요하게 작용할 수 있는 도박의 조건을 얼마든지 만들 수 있는 점, 내기 골프에 있어 승금은 정당한 근로에 의한 재물의 취득이라고 볼 수 없고 내기 골프를 방임할 경우 경제에 관한 도덕적 기초가 허물어질 위험이 충분하므로, 이를 화투 등에 의한 도박과 달리 취급하여야 할 아무런 이유가 없는 점 등과 같은 원심 판시 사정에 비추어 내기 골프도 도박죄의 구성요건이 요구하는 행위의 정형성을 갖추고 있고 그 정도가 일시오락에 불과하지 않는 한 「도박죄」의 보호 법익을 침해하는 행위로 도박에 해당한다고 보아야 하며 '백두'와 '한라'가 상습으로 매 홀마다 또는 매 9홀마다 별도의 도금(賭金)을 걸고 내기 골프를 하여 도박한 사실을 충분히 인정할 수 있으므로 유죄를 선고한다.

창원지방법원 2012. 10. 10. 선고
2011나16145 판결 〈대여금〉

'백두'는 강원랜드에서 카지노 도박을 하기 위하여 '한라'로부터 9,000,000원을 차용하였는바, 강원랜드 카지노는 주식회사 강원랜드에서 폐광지역 개발 지원에 관한 특별법 제11조 제1항 소정의 카지노업 허가를 받아 운영하는 카지노로서, 같은 조 제3항에 따라 내국인도 위 카지노에 입장할 수 있어 내국인에게도 카지노를 허용하고 있는 점에 비추어보면, 강원랜드에서 카지노 도박을 하기 위하여 돈을 대여하는 등의 금전거래가 이루어졌다 하더라도 이를 가리켜 선량한 풍속 기타 사회질서에 위반한 사항을 내용으로 하는 법률행위로서 불법원인급여에 해당한다고 할 수 없다.

서울중앙지방법원 2014. 3. 28. 선고
2013가소398979 판결 〈대여금〉

강원랜드 카지노에서 사용할 도박 자금을 대여하는 행위는 강원랜드에서의 도박 행위가 범죄를 구성하지 않는다고 하더라도, 위와 같은 도박 자금의 대여행위는 도박을 조장하는 행위로 불법원인급여에 해당한다. 또한 강원랜드 카지노는 도박이 매일 이루어지고 수없이 많은 횟수의 도박을 할 수 있어서 그럴 경우 도박에 중독된 사람들이 많아지고 그로 인하여 재산을 탕진하고 가정마저 파괴된 채 노숙인으로 전락하여 비참한 생활을 하는 사람이 많이 생기는 등 우리의 윤리적 기준이나 도덕률에도 위반된 것으로 법적 보호를 거절하여야 하므로 불법원인급여에 해당한다.

CHAPTER 20

불법
녹음

소리 지르지 말란 말이야!

'백두'와 '한라'는 「우리강산 중학교」에 근무하는 교사이다.

각각 1학년과 2학년의 담임으로 근무 중인 '백두'와 '한라'는 사범대학 시절부터 소문난 앙숙관계다. 같은 대학 선·후배 관계였던 두 사람의 악연은 5살 나이가 많은 선배였던 '백두'가 후배인 '한라'의 여자친구였던 '소백'을 가로채면서 시작되었다.

이뿐만 아니라 '백두'와 '한라'는 항상 1, 2등을 두고 경쟁해왔으며, 심지어 같은 동아리 활동을 하며 사사건건 의견 충돌이 멈추는 날이 없을 정도였다.

갈등이 심해진 두 사람의 관계는 시시때때로 주먹다짐으로 이어질 정도였는데, 이러한 지독한 악연은 대학 졸업과 동시에 끝나는 듯 보였지만, 십여 년이 지난 지금 공교롭게 같은 중학교로 발령을 받게 되면서 2차전의 전쟁이 시작되었다.

"어, '백두'형이네. 재수 없네!"

"아⋯. 저놈 저거 '한라' 아냐?! 꼴도 보기 싫은 놈이 하필이면 우리 학교로 왔네!"

'백두'와 '한라'는 발령받은 학교에서도 서로 얼굴을 보자마자 예전의 악감정이 되살아났던지 언제든지 싸울 준비가 되어 있는 로마의 검투사처럼 서로에게 날을 세웠고, '백두'는 1학년, '한라'는 2학년 담임을 맡으며 불편하고 불안한 생활을 시작하였다.

아니나 다를까? 연배가 더 많고 먼저 임용에 합격하여 직급이 높았던 '백두'는 평소 '한라'의 얼굴과 행동을 볼 때마다 못마땅하고 불편한 감정을 여과 없이 드러내었다. 점심시간 학교 급식소에서 '한라'를 볼 때마다 자신도 모르게 억압하려는 말투로 시비를 걸었고, '한라' 역시 반항하는 목소리로 '백두'에게 대들듯한 자세를 취하였다. 이 모습을 종종 목격하는 다른 동료 선생님들은 혀를 내두를 정도였다.

한편, 「우리강산 중학교」는 1년에 한 번 가을마다 열리는 학교체육행사가 있다. 올해도 어김없이 체육행사를 진행하게 되었고, 이번 체육행사를 주관하게 된 1학년 부장 선생님인 '태백'은 1학년과 2학년 학생들이 공동으로 페스티벌을 준비하길 바랐다.

그래서 '태백'은 2학년 선생님들 중 다소 나이가 젊은 '한라'가 행사 주관을 잘할 것 같아 함께 논의해보기 위해 '한라'를 호출하였고, 잠시 뒤 '한라'는 '백두'가 굳건히 버티고 있는 1학년 교무실 문을 열고 들어갔다.

"야! 나가!!"

'백두'는 반사적으로 1학년 교무실로 들어오는 '한라'를 향해 소리쳤지만, '한라'는 아랑곳하지 않고 '태백'의 옆자리에 앉아 '태백'과의 대화를 시작한다.

"나가라니깐, 여긴 1학년 교무실이야. 당장 나가!"

그러나 '한라'는 '백두'의 고성에도 시선 한 번 흔들리지 않고 반응조차 하지 않는다. '백두'는 자신을 무시하는 듯한 '한라'의 태도에 계속해서 고래고래 소리를 질렀다. 이 상황을 목격하고 있는 다른 1학년 선생님들은 둘 사이 다툼이 하루 이틀의 일이 아니었기에 '오늘도 그런가 보다' 생각하며, 귀찮고 한심한 표정으로 두 사람을 바라볼 뿐이다.

'백두'에게 질린 만큼 질려 있던 '한라'였지만, 애써 침착을 유지하며 '태백'과 대화를 이어가지만 슬슬 한계를 느끼기 시작한다. '백두'의 계속된 고성 때문에 다른 선생님들의 시선이 부끄럽고 더욱이 자신에게 반말을 하는 '백두'의 태도에 모멸감을 느꼈기 때문이다. 하지만 이번만큼은 무조건 참기로 하되, 혹시나 큰 싸움이 발생될 경우 그 원인이 '백두'에게 있음을 증명하기 위해 자신의 스마트폰을 꺼내어 고함을 지르는 '백두'의 음성을 몰래 녹음하기 시작하였다.

약 23초간 녹음이 진행되던 때, '백두'는 먹살잡이라도 해서 '한라'를 교무실 밖으로 쫓아내려고 다가가던 중 '한라'의 스마트폰 화면에서 그래프가 올라갔다 내려갔다 하는 장면을 목격하고, 그제서야 그동안 자신의 목소리가 녹음되고 있었던 것을 발견한다.

"이 녀석 봐라! 녹음을 해! 너 오늘 나랑 끝장을 보자!!"

'백두'는 격양된 감정을 참지 못하고 폭발하여 '한라'가 들고 있던 스마트폰을 낚아챈 후 바닥을 향해 내리쳐버린다. '한라'의 휴대폰 액정은 모두 박살 나버렸고 격분한 '한라'가 달려드는 바람에 순식간에 1학년 교무실은 아수라장이 되어버렸다.

"이젠 정말 도저히 못 참아! 각오해! '백두'!"

'한라'는 어떻게 해서든지 핸드폰을 수리하여 데이터를 복원한 후 '백두'의 고성이 담긴 음성 녹음파일을 문서화(녹취록)하여 '백두'를 「재물손괴죄」로 형사고소 하였다. 이로 인해 '백두'는 벌금형의 처분을 받게 되었다.

"'한라' 이 녀석! 내 음성을 녹음한 거는 좋다 이거야! 그런데, 나한테 「음성권」이 존재하는 걸 모르고 있었구나! 이래 봬도 내가 사회교과 담당으로 애들한테 「헌법」 교육한다. 이놈아! 너도 당해봐라!"

결국, '백두'는 '한라'를 상대로 자신의 「음성권」이 침해당했다면서 「손해배상청구」 소송을 접수한다.

QUESTION

1. 「음성권」이란 무엇일까요?
2. '백두'는 「음성권」이 침해되었을까요?

ANSWER

1. 「음성권」이란 무엇일까요?

생소하시죠? 「음성권」이라는 권리를 들어본 적 있으신가요?
인간의 기본권 중 하나인 「음성권」은 「헌법 제10조의 행복추구권」에서 파생된 권리인데, 「헌법 제10조」 규정은 아래와 같습니다.

헌법

제10조(행복추구권)
모든 국민은 인간으로서의 존엄과 가치를 가지며, 행복을 추구할 권리를 가진다. 국가는 개인이 가지는 불가침의 기본적 인권을 확인하고 이를 보장할 의무를 진다.

즉, 「헌법 제10조」는 대한민국 국민이 누릴 수 있는 권리 중 행복추구권에 관한 권리로서, 행복추구권 중 하나인 「음성권」은 「사람은 누구나 자신의 음성이 함부로 녹음되거나 재생, 방송, 복제, 배포되지 않을 권리」인 것입니다.

이러한 「음성권」과 관련된 불법 녹음(녹취)에 대한 구체적인 법률상의 위법성은 「통신비밀보호법」에 의해서도 확인할 수 있는데, 그 내용은 아래와 같습니다.

통신비밀보호법

제3조(통신 및 대화 비밀의 보호)
① 누구든지 이 법과 형사소송법 또는 군사법원법의 규정에 의하지 아니하고는 우편물의 검열·전기통신의 감청 또는 통신사실확인자료의 제공을 하거나 공개되지 아니한 타인 간의 대화를 녹음 또는 청취하지 못한다. 다만, 다음 각호의 경우에는 당해 법률이 정하는 바에 의한다.
1. 환부우편물 등의 처리 : 우편법 제28조·제32조·제35조·제36조 등의 규정에 의하여 폭발물 등 우편금제품이 들어 있다고 의심되는 소포우편물(이와 유사한 郵便物을 포함한다)을 개피하는 경우, 수취인에게 배달할 수 없거나 수취인이 수령을 거부한 우편물을 발송인에게 환부하는 경우, 발송인의 주소·성명이 누락된 우편물로서 수취인이 수취를 거부하여 환부하는 때에 그 주소·성명을 알기 위하여 개피하는 경우 또는 유가물이 든 환부불능우편물을 처리하는 경우.

2. 수출입우편물에 대한 검사 : 관세법 제256조 · 제257조 등의 규정에 의한 신서 외의 우편물에 대한 통관검사절차.
3. 구속 또는 복역 중인 사람에 대한 통신 : 형사소송법 제91조, 군사법원법 제131조, 「형의 집행 및 수용자의 처우에 관한 법률」 제41조 · 제43조 · 제44조 및 「군에서의 형의 집행 및 군수용자의 처우에 관한 법률」 제42조 · 제44조 및 제45조에 따른 구속 또는 복역 중인 사람에 대한 통신의 관리.
4. 파산선고를 받은 자에 대한 통신 : 「채무자 회생 및 파산에 관한 법률」 제484조의 규정에 의하여 파산선고를 받은 자에게 보내온 통신을 파산관재인이 수령하는 경우.

즉, 「통신비밀보호법」의 내용을 이해해보면, 법률상 허용되는 경우를 제외하고 타인 간, 즉 제3자가 함부로 남의 대화를 몰래 녹취하는 것을 금지하고 있지만, 당사자 간의 녹음은 「통신비밀보호법」에서 금지하는 '불법 녹음'에 해당되지 않기 때문에 처벌받지 않습니다.

그러나 「음성권」이 헌법상 보장되는 권리임이 확인된 만큼, 상대방의 동의 없는 녹음은 불법행위를 구성하여 「음성권」의 침해를 원인으로 민사상 손해배상청구 대상이 될 수 있습니다. 다만 이러한 경우에도 그 침해의 정도와 녹음행위 등 정당성을 인정할만한 구체적 판단이 추가적으로 이루어질 것입니다.

2. '백두'는 「음성권」이 침해되었을까요?

위에서 언급한 바와 같이 「음성권」이 헌법상 보호받는 가치임을 확인하였습니다. 이를 침해하는 행위는 불법행위를 구성하므로 민사상 손해배상청구 대상이 됩니다. 이에 따라 녹음자의 녹음행위가 불법행위에 속하는지 등을 검토할 필요가 있습니다.

상대방에게 고지하지 않고 이루어진 녹음은 비밀녹음에 해당합니다. 이러한 비밀녹음은 녹음자에게 비밀녹음을 통해 달성하려는 정당한 목적 또는 이익이 있고 녹음자의 비밀녹음이 필요한 범위 내에서 상당한 방법으로 이루어져 사회윤리나 사회통념에 비춰 용인될 수 있는 경우가 있습니다. 이러한 경우에는 녹음자의 비밀녹음은 사회상규에 위배되지 않은 행위로서 그 위법성은 없어집니다. 위법성이 없어진다! 전문용어로 「위법성 조각 사유」라고 합니다.

즉, '백두'의 「음성권」 침해를 둘러싸고 벌어진 이 사건에서 '백두'와 '한라'가 서로 보호받고자 하는 이익이 충돌하는 경우 구체적 인사정을 종합적으로 고려하여 두 이익 간의 가치의 비교를 통하여 위법성을 가려야 할 것입니다.

위 사례의 모티브가 된 판례에서는, ① '한라'와 '태백' 간에 주요 학교행사에 대한 공적인 대화에 '백두'가 지속적으로 난입하며 '한라'에게 나가라며 고함을 지르기 시작한 것을 원인으로 녹음이 시작된 점, ② '백두'의 허락 없이 녹음된 부분은 약 23초에 불과한 점, ③

'백두'와 '한라'는 이전부터 사이가 좋지 않았고, 평소 자신보다 나이가 많고 자신을 억압하려던 '백두'에 대한 '한라'의 피해의식이 있었던 점, ④ 이 사건이 벌어질 당시 '백두'의 고성에 대하여 이를 제지하거나 피해사실에 대한 증거를 확보하기 위한 녹음로써의 필요성 및 긴급성이 일정 부분 인정될 수 있는 점, ⑤ 녹음된 '백두'의 음성은 '백두'의 내밀한 사생활에 관한 것이 아니라 '한라'에게 교무실에서 나가라는 취지의 내용뿐인 점, ⑥ 녹취된 '백두'의 발언도 공개된 장소인 교무실에서 여러 선생님들이 이 내용을 듣게 된 점에 따라 '백두'의 음성권 침해 정도가 미약하다고 판단되는 점, ⑦ '한라'는 녹음파일 및 녹취록을 이 사건 소송과 관련하여 법원에 제출하거나 수사기관에 제출하는 방식으로만 사용한 점을 종합하면,

'한라'의 녹음행위와 관련하여 녹음된 '백두'의 발언 분량, 발언 내용, 녹음파일 및 녹취록의 사용에 관한 것은 '한라'의 피해구제에 대한 보호 영역에 속하는 주요 행위로서 충분히 「정당행위」 판단의 근거로 삼을 수 있으므로 '백두'의 「음성권」 침해에 대한 손해배상청구는 기각되었습니다.

POWER PRECEDENT

서울중앙지방법원 2018. 10. 17. 선고 2018가소1358597 판결 〈손해배상(기)〉, 서울중앙지방법원 2019. 7. 10. 선고 2018나68478 판결 〈손해배상(기)〉

잠깐! 알아두면
힘이 되는 법률 이야기!!

「위법성 조각 사유」란?

- 형법상 범죄로 성립되기 위해서는 해당 행위에 대한 3가지 요소가 성립되어야 합니다. 그중 첫 번째 요소는 형법상 명문으로 구성된 내용 즉, '구성요건 해당성'이며, 두 번째는 '위법성'입니다. 그리고 마지막으로 자신의 행위에 대한 '책임'능력입니다. 즉, '구성요건 해당성' '위법성' '책임'의 세 가지 요소가 모두 성립될 때 비로소 형법상의 범죄가 성립되는 것입니다.

- 그러므로 위법성 조각 사유란, 형식적으로 성립되는 범죄의 요소들 중 위법성과 관련하여 위법성을 정당화할 만한 사유가 있을 경우 범죄성립을 인정하지 않게 하는 요소를 의미합니다. 형법은 제20조에서 24조까지 이러한 위법성 조각 사유의 내용으로 '정당행위' '정당방위' '긴급피난' '자구행위' '피해자의 승낙'을 규정하고 있습니다.

「정당행위」란?

- 형법 제20조에 규정된 법률로서 법령에 의한 행위 또는 업무로 인한 행위 기타 사회상규에 위배되지 아니하는 행위는 벌하지 않는다는 형벌 규정입니다.

MOTIVE가 된 판례

서울중앙지방법원 2018. 10. 17. 선고
2018가소1358597 판결 〈손해배상(기)〉,
서울중앙지방법원 2019. 7. 10. 선고
2018나68478 판결 〈손해배상(기)〉

사람은 누구나 자신의 음성이 자신의 의사에 반하여 함부로 녹음, 재생, 녹취, 방송, 복제, 배포되지 않을 권리를 가지는데, 이러한 「음성권」은 헌법적으로도 보장되고 있는 「인격권」에 속하는 권리이다(헌법 제10조 제1문). 그러므로 동의 없이 상대방의 음성을 녹음하고 이를 재생하는 행위는 특별한 사정이 없는 한 「음성권」을 침해하는 행위에 해당하여 「불법행위」를 구성한다.

그러나 녹음자에게 비밀녹음을 통해 달성하려는 정당한 목적 또는 이익이 있고 녹음자의 비밀녹음이 이를 위하여 필요한 범위 내에서 상당한 방법으로 이루어져 사회윤리 내지 사회통념에 비추어 용인될 수 있는 행위라고 평가할 수 있는 경우에는, 녹음자의 비밀녹음은 사회상규에 위배되지 않은 행위로서 그 「위법성이 조각」된다고 할 것이다.

따라서 '한라'에게 불법행위가 있음을 전제로 손해배상을 구하는 '백두'의 청구를 기각한다.

CHAPTER 21

형사
용어

뉴스 단어!

〈형사소송과 관련된 용어〉

뉴스에서 "피의자, 영장실질심사, 송치, 구속적부심사제도, 기소, 피고인, 보석신청"이란 표현을 들어 보셨는가요?

「피의자」란?

범죄혐의가 있어 경찰(검찰 포함)에서 조사받고 있는 사람을 피의자로 호칭합니다(차후 피의자는 기소 이후 피고인으로 바뀝니다).

「영장실질심사」란?

이러한 피의자의 범죄행위가 구치소에 구속하여 계속 수사할 필요가 있을 경우 검사가 판사에게 구속영장을 신청하면, 판사가 피의자를 법원에 소환하여 신문한 후 구속영장을 발부할지 말지를 결정하는 절차를 영장실질심사라 하며, 구속영장이 결정(발부)되면 피의자는 구치소에 감금되어 조사를 받게 됩니다.

「송치」란?

경찰서에서 범죄행위가 있는 피의자를 1차로 조사한 후 피의자와 범죄행위의 서류를 검찰로 넘기는 절차입니다.

「구속적부심사제도」란?

구속된 피의자(물론 변호인 등 가능)는 자신이 구속되어 조사받을 필요가 있는지 다시 한번 판사에게 심사해줄 것을 청구하는 제도입니다.

「기소」란?

검사가 피의자를 처벌(죄를 판단해달라)하기 위하여 법원에 소송을 제기(재판에 회부)하는 절차입니다. 뉴스에서는 「공소가 제기되었습니다」라고 표현합니다.

「피고인」이란?

법원에 기소(공소제기)된 이후부터 피의자는 피고인으로 호칭이 변경됩니다.

「보석신청」이란?

피의자는 법원에 기소된 이후 일정한 금액을 공탁하고 판결 선고까지 구속을 해제한 후 불구속 상태에서 재판을 받게 해달라는 청구입니다.

전지적 법률 시점

알아두면 힘이 되는 판례 이야기

초판 1쇄 발행 2021. 7. 23.
   3쇄 발행 2021. 12. 29.

지은이 안문주, 정석훈
펴낸이 김병호
편집진행 한가연 | **디자인** 양헌경

펴낸곳 주식회사 바른북스
등록 2019년 4월 3일 제2019-000040호
주소 서울시 성동구 연무장5길 9-16, 301호 (성수동2가, 블루스톤타워)
대표전화 070-7857-9719 **경영지원** 02-3409-9719 **팩스** 070-7610-9820
이메일 barunbooks21@naver.com **원고투고** barunbooks21@naver.com
홈페이지 www.barunbooks.com **공식 블로그** blog.naver.com/barunbooks7
공식 포스트 post.naver.com/barunbooks7 **페이스북** facebook.com/barunbooks7

· 책값은 뒤표지에 있습니다.   **ISBN** 979-11-6545-452-4 03360

바른북스는 여러분의 다양한 아이디어와 원고 투고를 설레는 마음으로 기다리고 있습니다.